Élise Delprat-Alvarès

FOTOS: AMANDINE HONEGGER
STYLING: SYLVIE ROST

KOCHEN MIT 3 BIS 6 ZUTATEN

DIE BESTEN EINFACHSTEN REZEPTE

Bassermann

EINLEITUNG

Wenn es ums Essen kochen geht, erlebt man immer wieder dasselbe: Es fehlt einem an Inspiration und man weiß nicht so recht, was man auf den Tisch bringen soll. Auch ich kenne dieses Problem, und das, obwohl ich eine erfahrene Köchin bin. Mal hat man keine Zeit, mal keine Lust oder Energie, um sich in die Küche zu stellen. Der Arbeitstag war anstrengend, das Wochenende viel zu kurz … und immer wieder stellt man fest, dass es schwierig ist, Rezepte für einfache, schmackhafte Gerichte zu finden, die weder das Budget sprengen noch zur Meuterei am Tisch führen – Rezepte, die sich bewährt haben und die schnell zubereitet sind.

Es müssen aber nicht unbedingt kalorienreiche, ungesunde Fertig- oder Tiefkühlgerichte sein, oder Essen vom Lieferservice oder aus dem Schnellimbiss. Es geht auch gesünder, und wir haben uns der Herausforderung gestellt. Mit ein paar einfachen Kniffen wird Ihnen das Kochen erleichtert. So reicht es für die Alltagsküche zum Beispiel oft aus, wenn Sie Schlagsahne durch leichtere Kochsahne ersetzen.

Wie es funktioniert, schon mit ganz wenigen Zutaten unter minimalem Zeitaufwand und mit etwas Kreativität ausgewogene, leckere Gerichte zuzubereiten – ob nun für die Familie, für Freunde oder Kollegen oder auch für etwas festlichere Anlässe –, erfahren Sie in diesem Buch. Machen Sie einfach Ihre Schränke und den Kühlschrank auf!

Mit diesem Vorsatz und in Überarbeitung diverser Küchenklassiker haben wir uns darangemacht, viele tolle, einfache Rezepte zusammenzutragen: Lieblingsrezepte, die immer funktionieren, gesund sind und jedem schmecken – geprüft und getestet. Rezepte für jeden Geschmack und jeden Geldbeutel. Rezepte mit Gelinggarantie, die Sie nicht mehr missen möchten!

Von der Vorspeise bis zum Dessert finden Sie hier kreative, abwechslungsreiche und ausgewogene Gerichte für jede Gelegenheit!

Zum Umgang mit den Rezepten: Damit unsere Rezepte schön übersichtlich bleiben, haben wir auch die Anleitungen möglichst knapp gehalten. Bitte denken Sie daran, die Lebensmittel vor der Verwendung zu waschen und je nach Zutat zu schälen oder zu entkernen. Wenn keine Herdstufe oder Hitzeeinstellung angegeben ist, sollte immer bei mittlerer Temperatureinstellung gegart werden.

INHALT

Häppchen

Thunfischaufstrich 10
Rote-Bete-Creme mit Thunfisch 12
Frischkäsekugeln mit Trauben 14
Backpflaumen-Bonbons 16
Schweinefilet im Kräutermantel 18
Röllchen aus Schinken und Frischkäse 20
Birnen-Tapas mit Bündnerfleisch 22
Pizza-Schnecken vom Muffinblech 24
Cookies mit Ziegenkäse und Nüssen 26
Partyröllchen mit Räucherlachs 28
Schweineöhrchen mit Tomatenfüllung 30
Champignons mit Ziegenkäsefüllung 32
Blätterteigräder mit Tapenade 34
Fischkrapfen auf karibische Art 36
Eier im Speckkörbchen 38
Schichtkuchen Pute-Ziegenkäse 40
Thunfischtaschen 42
Tomaten-Feta-Terrine 44

Vorspeisen

Eier im Nest mit kleinen Brioches 46
Überbackene Avocados mit Ei 48
Terrine mit Karotten und Speck 50
Lachsterrine 52
Tomatenterrine mit Ziegenkäse 54
Brotterrine mit Lachs 56
Karottensuppe mit Orange 58
Tomatensuppe mit weißen Bohnen 60
Suppe auf mediterrane Art 62
Minestrone 64

Hauptgerichte

Blumenkohlcremesuppe mit Räucherlachs 66
Suppe auf orientalische Art 68
Salat auf chinesische Art 70
Bunter Nudelsalat mit Melone 72
Taboulé 74
Röstbrot mit Birnen und Roquefort 76
Käsetarte 78
Tomatentarte 80
Quiche Lorraine mit Thymian 82
Tarte mit zweierlei Lachs 84
Lachstorte mit Deckel 86
Schnelle Quiche mit Zwiebeln 88
Flammkuchen 90
Knusperpizza 92
Weiße Pizza 94
Sommerpizza 96
Baguettebrötchen mit Speck und Käse 98
Buttertoast mit Äpfeln und Camembert 100
Nudelpfanne italienisch............................ 102
Gnocchipfanne 104
Chinesische Nudelpfanne mit Ente......... 106
Tagliatelle mit Zucchini 108
Grüne Tagliatelle mit Brokkoli 110
Linguine mit Pancetta 112
One-Pot-Pasta mit Thunfisch 114
Pasta mit Aubergine und Gorgonzola 116
Cannelloni 118
Lasagne mit Auberginen 120
Gnocchi-Auflauf ruckzuck 122
Conchiglione mit Spinat-Ricotta-Füllung 124
Hörnchennudeln mit Erbsen und Pilzen 126
Risotto mit Chorizo und Hühnchen 128
Hähnchenkeulen mit Gemüse 130
Brathähnchen mit Safran 132
Hähnchen auf baskische Art 134
Hähnchenpfanne mit Zucchini und Tomaten 136
Perlhuhn mit Backpflaumen 138
Essighühnchen 140
Hähnchenkeulen mit Honig 142
Brathähnchen provenzalische Art 144
Hähnchentopf mit Aprikosen 146
Hähnchenspieße Yakitori 148
Korianderhähnchen in Sojasauce 150
Hühnchencurry 152
Zitronenhähnchen mit Oliven 154
Hähnchenbrust mit Kirschen und Portwein 156
Putengeschnetzeltes mit Champignons 158
Putenrouladen mit Speck 160
Putengeschnetzeltes in Senfsahne 162
Putencurry mit Datteln 164
Osso Buco mit Putenfleisch 166
Putenrollbraten mit Äpfeln 168

Wachteln mit Rosinen 170	Schweinefleisch mit Piment 224
Entenbrust mit Ananas 172	Bohneneintopf auf französische Art 226
Entenbrustfilets mit Orange 174	Schinken mit Ananas 228
Burger mit Avocado 176	Lammschulter mit Knoblauch 230
Zucchini mit Hackfüllung 178	Lammschulter in Orangensauce 232
Hackfleischpfanne mit Kreuzkümmel-Karotten 180	Lammkoteletts mit Schinken 234
Hackbällchen in Tomatensauce 182	Lammkoteletts mit Ziegenkäse 236
Chili con Carne extra leicht 184	Lammfleisch in Quarksauce 238
Gemüsesuppe mit Hackbällchen 186	Lammspieße mit getrockneten Aprikosen 240
Gefüllte Zucchini marokkanische Art 188	Lachspäckchen mit Fenchel 242
Rinderschmorfleisch in würziger Biersauce 190	Marinierter Lachs in Orangensaft 244
Rinder-Tournedos mit Zwiebelmus 192	Lachs mit Kräuterkruste 246
Rindfleisch mit Schalotten 194	Kabeljau mit Rauchfleisch 248
Kalbsmedaillons mit Roquefort 196	Seelachsröllchen mit Parmaschinken 250
Kalbsnuss mit Honigkarotten 198	Seelachs mit Karotten und Zitrone 252
Kalbsschnitzel natur mit Champignons . 200	Seeteufel mit Cidre 254
Kalbsschnitzel mit Gewürzkruste 202	Seeteufel mit Safran auf spanische Art 256
Kalbsfilet mit Zitrone 204	Seeteufel mit Avocado 258
Kaninchen in Senfsauce 206	Forelle mit Mandeln 260
Kaninchen mit Backpflaumen 208	Dorade in der Salzkruste 262
Kaninchen in Weißwein 210	Seezunge mit Artischocken 264
Schweinebraten mit Aprikosen 212	Rotbarbe mit Schinken 266
Schweinekoteletts mit Honig 214	Rotbarben mit Basilikum 268
Schweinefilet mit Roquefort 216	Sardinen mit Kräuterfüllung 270
Schweinebraten mit Honig 218	Curry-Garnelen in Kokossauce 272
Schweinefilet mit Süßkartoffelpüree 220	Jakobsmuschel-Garnelen-Pfanne 274
Schweinebraten mit eingelegten Zitronen 222	Garnelen mit Whisky 276
	Jakobsmuscheln in Whiskysahne 278

Desserts

Jakobsmuscheln mit Champignon-Rahmsauce ... 280
Tintenfisch mit Tomaten und Weißwein ... 282
Tintenfischringe in Tomatensauce ... 284
Miesmuscheln in Currysahne ... 286
Fischauflauf nach Art der Provence ... 288
Kabeljauauflauf ... 290
Lachs-Kartoffel-Gratin ... 292
Kartoffelgratin Dauphinois ... 294
Tomatenauflauf mit Ziegenkäse ... 296
Überbackener Blumenkohl mit Pancetta ... 298
Kürbis-Kartoffel-Gratin ... 300
Gefüllte Tomaten mit Mandeln und Haferflocken ... 302
Surimi-Pfanne mit Lauch ... 304
Grünes Curry mit Gemüse ... 306
Paprikapfanne mit Ei und Schinken ... 308
Tortilla auf spanische Art ... 310
Omelett mit Ziegenkäse und Minze ... 312
Gebackenes Omelett mit Tomatensauce ... 314
Eier mit Tomaten und Knoblauch ... 316
Rührei mit grünem Spargel ... 318
Studentenreis für Eilige ... 320
Puten-Cordon-Bleu mit Zucchini ... 322
Kartoffeltaler mit Schinken ... 324

Obstauflauf mit Winterfrüchten ... 326
Mangoauflauf mit Tapioka ... 328
Apfel-Crumble ... 330
Fruchtsalat Tropicana ... 332
Flambierte Bananen ... 334
Feigen im Päckchen ... 336
Apfeltarte nach Art der Normandie ... 338
Apfelrührkuchen schnell und einfach ... 340
Magischer Ofenpfannkuchen ... 342
Kalte Schnauze mit Kaffee ... 344
Crème Caramel ... 346
Auflauf mit Sommerbeeren ... 348
Bratäpfel mit Mäusespeck ... 350
Tiramisu mit Himbeeren ... 352
Apfelrosen ... 354
Rosencreme mit Himbeeren ... 356
Panna Cotta mit Kaffee ... 358
Mousse au Chocolat ... 360
Crème Brûlée mit Veilchensirup ... 362
Milchreis ... 364
Quarkspeise mit Erdbeeren ... 366
Zitronengelee ... 368
Mandelkuchen ... 370
Schoko-Birnen-Cookies ... 372
Zarte Mandelküchlein ... 374
Schokobananen im Teigmantel ... 376

THUNFISCHAUFSTRICH

 5 Min.    keine Garzeit

 6 Pers.    Budget mini

WENIG KALORIEN

200 g
Thunfisch natur (Konserve)

1 Becher
Naturjoghurt (150 g)

1 TL
scharfer Senf

1 TL
Zitronensaft

2 TL
Schnittlauchröllchen

... und außerdem
Salz und Pfeffer

1 Alle Zutaten bis auf die Schnittlauchröllchen in einen Mixer geben und zu einem dicken Aufstrich verarbeiten.

2 Den Aufstrich in eine Schale füllen und mit Salz und Pfeffer abschmecken. Mit Schnittlauchröllchen garnieren und mit getoasteten Baguettescheiben servieren.

💡 Noch cremiger wird der Thunfischaufstrich, wenn Sie den Joghurt durch 150 Gramm Speisequark (20 %) oder Frischkäse ersetzen.

Häppchen 10

ROTE-BETE-CREME
mit Thunfisch

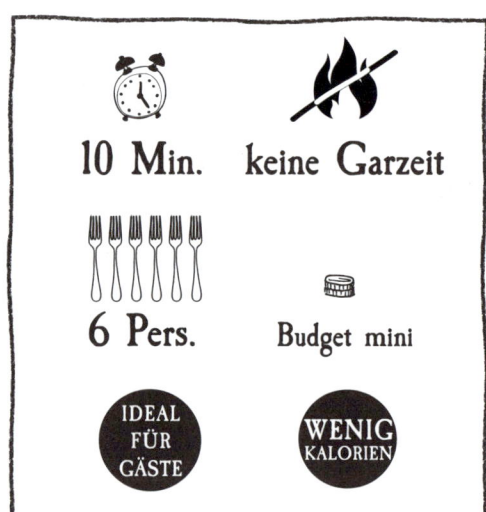

10 Min. keine Garzeit

6 Pers. Budget mini

IDEAL FÜR GÄSTE WENIG KALORIEN

1 Die Rote Bete in Stücke schneiden und mit Thunfisch und Quark im Mixer zu einer glatten Creme verarbeiten.

2 Das Ei hart kochen, schälen und mit einer Gabel zerdrücken.

3 Die Bete-Creme mit Salz und Pfeffer abschmecken und in Förmchen oder kleine Gläser füllen. Mit Ei und Petersilie bestreuen.

1

gegarte Rote Bete

150 g

Thunfisch natur (Konserve)

120 g

Quark

1

Ei

3 EL

gehackte Petersilie

... und außerdem
Salz und Pfeffer

Häppchen 12

FRISCHKÄSEKUGELN
mit Trauben

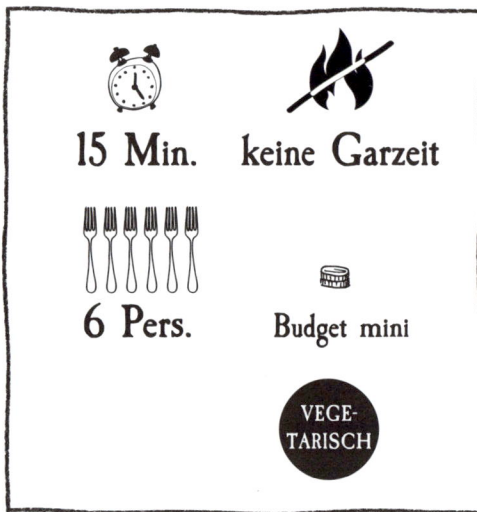

15 Min. — keine Garzeit
6 Pers. — Budget mini
VEGETARISCH

24
blaue Trauben

200 g
Ziegenfrischkäse

2 EL
Mohn

1 Den Frischkäse in 24 Portionen teilen und zu Kugeln formen. Dabei jeweils 1 Traube einschließen.

2 Die Frischkäsekugeln im Mohn wenden. Bis zum Servieren im Kühlschrank aufbewahren. Vor dem Servieren je einen kleinen Holzspieß hineinstecken.

Sie können die Kugeln alternativ auch in Sesamsaat oder Leinsamen wenden.

Häppchen 14

BACKPFLAUMEN-BONBONS
mit Schinken

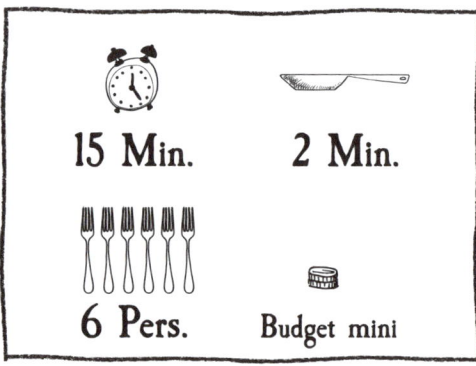

15 Min.   2 Min.

6 Pers.   Budget mini

4

Yufka-Teigblätter

12

entsteinte Backpflaumen

4 Scheiben

roher Schinken

1–2 EL

Olivenöl

1 Die Teigblätter in je sechs Rechtecke schneiden. Die Schinkenscheiben je in 3 Streifen schneiden und die Pflaumen damit umwickeln. Die Pflaumen halbieren.

2 Die Pflaumenhälften wie Bonbons in die Teigstücke wickeln. Die Enden mit Küchengarn zubinden.

3 Das Öl in einer großen Pfanne erhitzen und die Bonbons darin 2 Minuten unter regelmäßigem Wenden braten. Auf Küchenpapier abtropfen lassen und das Küchengarn entfernen.

Yufka-Teig erhalten Sie in türkischen Lebensmittelgeschäften. Sie können ihn auch durch Filo- oder Strudelteig aus dem Kühlregal ersetzen.

Häppchen 16

SCHWEINEFILET
im Kräutermantel

10 Min. | keine Garzeit
6 Pers. | RUHEN 4 Tage
Budget mittel

450 g
Schweinefilet

130 g
grobes Salz

1 Msp.
Pfeffer

2 EL
Kräuter der Provence

1 Zweig
Rosmarin

1 Grobes Salz, Pfeffer und Kräuter auf einem sauberen Tuch mischen. Das Filet darauflegen und mit der Würzmischung einreiben. Den Rosmarin aufs Fleisch legen.

2 Das Filet fest in das Küchentuch einschlagen und 4 Tage im Gemüsefach des Kühlschranks ziehen lassen. Die Würzmischung abkratzen und das Filet in feine Scheiben schneiden.

Probieren Sie das Rezept auch einmal mit Entenbrustfilets.

Häppchen 18

RÖLLCHEN
aus Schinken und Frischkäse

10 Min. — keine Garzeit
6 Pers. — Budget mini

1 Die Tortillas einzeln jeweils 25 Sekunden in der Mikrowelle erwärmen.

2 Den Frischkäse mit den Schnittlauchröllchen verrühren. Salzen und pfeffern. Die Tortillas damit bestreichen und mit je 1 Schinkenscheibe und 2 Salatblättern belegen.

3 Die Tortillas aufrollen, in Frischhaltefolie einwickeln und im Kühlschrank ruhen lassen. Kurz vor dem Servieren in Scheiben schneiden.

4
Weizentortillas

4 EL
Frischkäse

1 EL
Schnittlauchröllchen

4 Scheiben
Kochschinken

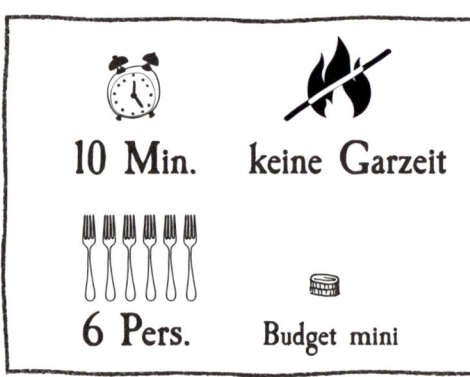

8 Blätter
Kopfsalat

... und außerdem
Salz und Pfeffer

Häppchen 20

BIRNEN-TAPAS
mit Bündnerfleisch

10 Min. | 15 Min.
6 Pers. | Budget mittel
IDEAL FÜR GÄSTE

3 Birnen

130 g Ricotta

90 g Blauschimmelkäse

9 Scheiben Bündnerfleisch

1 TL Chilipulver oder Piment d'Espelette

1 Den Backofen auf 210 °C vorheizen.

2 Jede Birne in 6 Scheiben schneiden und diese auf ein mit Backpapier ausgelegtes Backblech legen. 15 Minuten im Ofen garen. Erkalten lassen.

3 Ricotta und Käse in einer Schüssel glatt rühren. Die Scheiben Bündnerfleisch längs halbieren und auf die Birnenscheiben legen. Je 1 Esslöffel Käsemischung darauf verstreichen. Mit dem Chilipulver bestreuen.

Wenn Sie es nicht so scharf mögen, verwenden Sie nur eine kleine Prise Chilipulver. Sie können es auch durch Paprikapulver ersetzen.

Häppchen 22

PIZZA-SCHNECKEN
vom Muffinblech

10 Min. | 15 Min.
6 Pers. | Budget mini

1 Den Backofen auf 210 °C vorheizen. Den Pizzateig mit der Tomatensauce bestreichen. Schinken und Käse darauf verteilen. Die Teigplatte aufrollen.

2 Die Rolle in 5 Zentimeter breite Stücke schneiden, diese in die Vertiefungen eines Muffinblechs setzen. Mit Oregano bestreuen und 15 Minuten im Ofen backen.

Kein Muffinblech? Dann bereiten Sie den Teig wie die Schweineöhrchen (s. S. 30) zu: Tomatensauce, Schinken und Käse mixen und auf der Teigplatte verstreichen. Von beiden Kurzseiten her aufrollen. In Frischhaltefolie geschlagen 20 Minuten im Kühlschrank ruhen lassen. In 2 Zentimeter dicke Scheiben schneiden und im vorgeheizten Backofen 15 Minuten bei 210 °C backen.

1 Packung
ausgerollter Pizzateig

3 EL
Tomatensauce

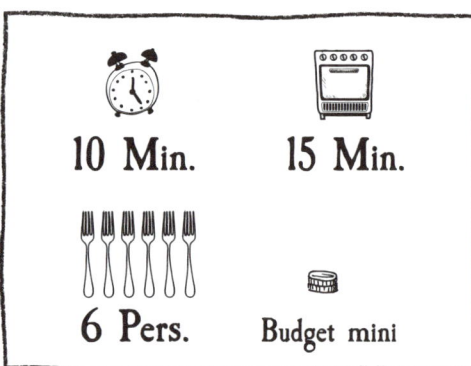

6 Scheiben
Lachsschinken

3 EL
geriebener Emmentaler

1 Msp.
getrockneter Oregano

Häppchen 24

COOKIES
mit Ziegenkäse und Nüssen

15 Min. 10 Min.
6 Pers. Budget mittel
VEGETARISCH

1 Den Backofen auf 210 °C vorheizen.

2 Den Ziegenkäse zerdrücken. Mit Mandelmus, Ei, Mehl und ein paar Thymianblättchen verrühren und zu kleinen Kugeln formen. Wenn der Teig zu weich ist, noch etwas mehr Mehl einarbeiten.

3 Die Kugeln auf ein mit Backpapier ausgelegtes Backblech setzen. Mit einem Löffelrücken flach drücken.

4 Je ein paar Nüsse in die Cookies drücken und diese etwa 10 Minuten im Ofen backen.

120 g Ziegenweichkäse

1 Handvoll Haselnüsse

50 g Mandelmus (Biomarkt)

1 Ei

120 g Weizenmehl

1 Zweig Thymian

Häppchen 26

PARTYRÖLLCHEN
mit Räucherlachs

10 Min. — keine Garzeit
6 Pers. — Budget mittel
WENIG KALORIEN

1 Die Pfefferbeeren zerstoßen und mit Crème fraîche und Zitronensaft in einer Schüssel verrühren. Salzen und pfeffern.

2 Die Pfannkuchen quadratisch zurechtschneiden. Mit der Crème-fraîche-Mischung bestreichen und mit den Lachsscheiben belegen. Aufrollen und in Scheiben schneiden.

💡 Buchweizenpfannkuchen finden Sie in gut sortierten Supermärkten im Kühlregal.

4
Buchweizenpfannkuchen

4 Scheiben
Räucherlachs

150 g
Crème fraîche

2 TL
rosa Pfefferbeeren

... und außerdem
Salz und Pfeffer

2 TL
Zitronensaft

Häppchen 28

SCHWEINEÖHRCHEN
mit Tomatenfüllung

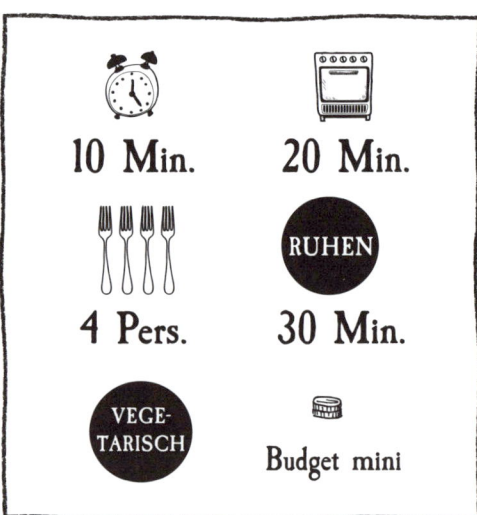

10 Min.   20 Min.

4 Pers.   RUHEN 30 Min.

VEGETARISCH   Budget mini

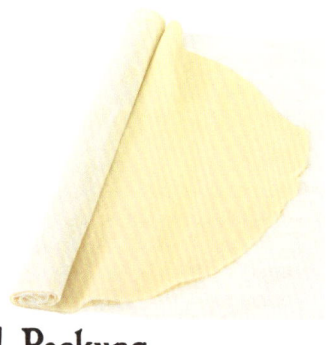

1 Packung
Blätterteig

3 EL
Tomatenmark

2 EL
geriebener Emmentaler

1 Die Blätterteigplatte ausrollen, mit dem Tomatenmark bestreichen und mit dem Käse bestreuen. Von den beiden Kurzseiten her bis zur Mitte aufrollen. In Frischhaltefolie einschlagen und 30 Minuten im Kühlschrank ruhen lassen.

2 Den Backofen auf 200 °C vorheizen. Die Rolle in 2 Zentimeter dicke Scheiben schneiden und auf ein mit Backpapier ausgelegtes Backblech legen. 20 Minuten im Ofen backen.

Sie können das Tomatenmark durch dieselbe Menge Pesto ersetzen.

Häppchen 30

CHAMPIGNONS
mit Ziegenkäsefüllung

15 Min. | 20–30 Min.
6 Pers. | Budget mittel
VEGETARISCH

1 Den Backofen auf 150 °C vorheizen. Die Stiele aus den Champignons herausschneiden und fein hacken. Den Frischkäse mit Crème fraîche und Honig verrühren. Salzen und pfeffern. Die Champignonstiele und den gehackten Schnittlauch unterziehen.

2 Die Champignonkappen mit der Frischkäsemischung füllen und auf ein mit Backpapier belegtes Backblech setzen. 30 Minuten im Ofen garen.

12
große Champignons

100 g
Ziegenfrischkäse

1 EL
Crème fraîche

1 TL
Honig

2 Halme
Schnittlauch

… und außerdem
Salz und Pfeffer

Häppchen 32

BLÄTTERTEIGRÄDER
mit Tapenade

15 Min. | 20 Min. | 4 Pers. | RUHEN 30 Min. | Budget mittel

1 Packung
Blätterteig

100 g
entsteinte schwarze Oliven

3 EL
Kapern

25 g
Sardellenfilets

4 EL
Olivenöl

1 Für die Tapenade Oliven, Kapern, Sardellen und Olivenöl zu einer glatten Paste mixen. Auf der Blätterteigplatte verstreichen. Von einer Kurzseite her aufrollen. In Frischhaltefolie einschlagen und 30 Minuten ins Gefrierfach geben.

2 Den Backofen auf 180 °C vorheizen. Die Rolle in 1 Zentimeter dicke Scheiben schneiden.

3 Die Blätterteigräder auf ein mit Backpapier belegtes Backblech legen und 20 Minuten im Ofen backen.

Sie können die Räder auch mit fertig ausgerolltem Pizzateig zubereiten.

Häppchen 34

FISCHKRAPFEN
auf karibische Art

10 Min. | 5 Min.
6 Pers. | RUHEN 1 Std.
Budget hoch

1 Zwiebel, Knoblauch und Chilischote klein schneiden. Alles mit Eiern, Milch und Petersilie in einer Schüssel verrühren. Den Fisch in kleine Stücke zerteilen und unterziehen. Die Masse 1 Stunde ziehen lassen.

2 Die Masse zu Kugeln formen. Reichlich Öl in einem großen Topf sehr heiß werden lassen und die Kugeln darin etwa 5 Minuten frittieren.

3 Mit einem Schaumlöffel herausheben und auf Küchenpapier abtropfen lassen. Heiß servieren.

💡 *Zur Abwechslung können Sie den Kabeljau durch einen anderen festfleischigen Fisch ersetzen.*

200 g
Kabeljau

2
Eier

100 ml
Milch

½
Zwiebel

2
Knoblauchzehen

... und außerdem

1 kleine Chilischote
1 EL gehackte Petersilie
Öl zum Frittieren

Häppchen 36

EIER IM SPECKKÖRBCHEN

10 Min. 15 Min.
4 Pers. Budget mini

1 Aus den Toasts vier Kreise ausstechen und in die Vertiefungen eines Muffinblechs drücken.

2 Den Backofen auf 180 °C vorheizen. Die Speckscheiben in einer Antihaft-Pfanne von beiden Seiten anbräunen und ringförmig auf die Brotkreise in den Muffin-Vertiefungen setzen.

3 Je 1 Ei hineinschlagen. Mit der Kochsahne beträufeln. Salzen und pfeffern. Etwa 15 Minuten im Ofen backen.

Mit einem Salat mit Nüssen wird daraus ein schneller Feinschmeckerimbiss.

4
Eier

4 Scheiben
durchwachsener Speck

4 Scheiben
Toast

4 TL
Kochsahne (15 %)

... und außerdem
Salz und Pfeffer

Häppchen 38

SCHICHTKUCHEN
Pute-Ziegenkäse

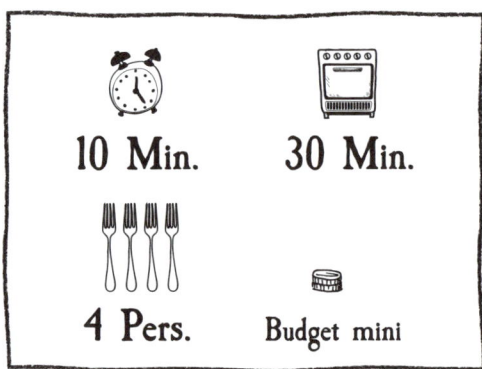

10 Min.   30 Min.

4 Pers.   Budget mini

10 Scheiben
Toast

8 Scheiben
Putenschinken

1 Den Ziegenkäse in einem Topf in der Sahne zerlassen. Lauwarm abkühlen lassen. Die Eier unterrühren. Salzen und pfeffern. Die Rinde vom Brot abschneiden.

2 Den Backofen auf 210 °C vorheizen. Den Boden einer kleinen Kastenform mit einer Brotschicht bedecken. Mit etwas Sahnemischung tränken und mit Schinken belegen. Auf diese Weise Brot und Putenschinken in der Form schichten, bis alles aufgebraucht ist. Mit einer Brotschicht enden.

3 Mit der restlichen Sahne übergießen. Mit Parmesan bestreuen und 30 Minuten im Ofen garen.

50 g
Ziegenfrischkäse

200 g
Kochsahne (15 %)

3
Eier

... außerdem

1 EL geriebener Parmesan
Salz und Pfeffer

Häppchen 40

THUNFISCH-
taschen

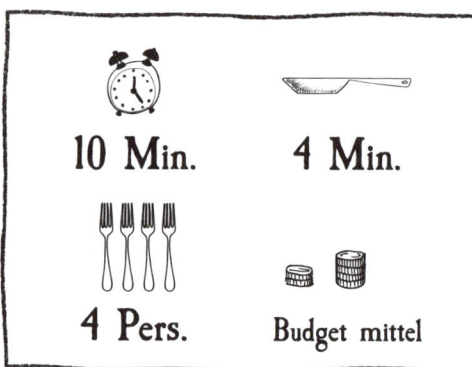

10 Min.   4 Min.
4 Pers.   Budget mittel

1 Die Teigblätter ausbreiten. Je 1 Ei daraufgeben und den Thunfisch darüberkrümeln. Salzen und pfeffern. Mit Petersilie bestreuen und die Ränder des Teigblatts darüberschlagen.

2 Das Öl in einer großen Pfanne erhitzen und die Teigtaschen darin 2 Minuten von jeder Seite braten.

💡 Yufka-Teig erhalten Sie in türkischen Lebensmittelgeschäften. Sie können ihn durch Filo- oder Strudelteig aus dem Kühlregal ersetzen.

4
Yufka-Teigblätter

4
Eier

130 g
Thunfisch natur (Konserve)

2 EL
gehackte Petersilie

1 EL
Olivenöl

... und außerdem
Salz und Pfeffer

Häppchen 42

TOMATEN-FETA-
Terrine

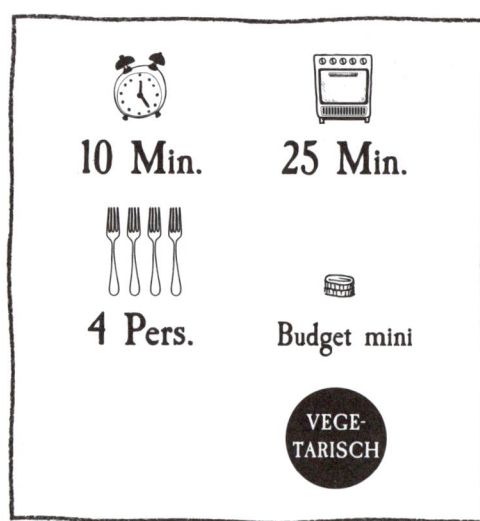

10 Min.　25 Min.

4 Pers.　Budget mini

VEGETARISCH

1 Den Backofen auf 180 °C vorheizen. Mehl, Backpulver, Eier und Milch in einer Schüssel glatt rühren. Feta, Tomaten und Basilikum klein geschnitten unter den Teig ziehen.

2 Den Teig salzen und pfeffern und in eine mit Backpapier ausgekleidete Kastenform füllen. 25 Minuten im Ofen backen.

💡 *Verdoppeln Sie die Menge, backen Sie den Teig in 2 Formen und frieren Sie einen Kuchen ein.*

100 g
Feta

100 g
getrocknete Tomaten

180 g
Weizenmehl

1 Päckchen
Backpulver

2
Eier

... und außerdem

100 ml Magermilch
2 EL gehacktes Basilikum
Salz und Pfeffer

Häppchen 44

EIER IM NEST
mit kleinen Brioches

10 Min. | 10 Min.
4 Pers. | Budget mini

1 Den Backofen auf 180 °C vorheizen. Von den Brioches eine kleine Kappe abschneiden. Die Brioches mit einem Löffel aushöhlen. Die Speckwürfel hineingeben und je 1 Ei hineinschlagen.

2 Salzen und pfeffern. Mit der Kochsahne beträufeln und die Kappe wieder aufsetzen. 10 Minuten im Ofen garen, bis das Eiweiß gestockt ist.

💡 *Sie können das Rezept auch mit anderen Milchbrötchen zubereiten.*

4
Eier

4
Brioches

200 g
Speckwürfel

4 EL
Kochsahne (15 %)

... und außerdem
Salz und Pfeffer

ÜBERBACKENE AVOCADOS
mit Ei

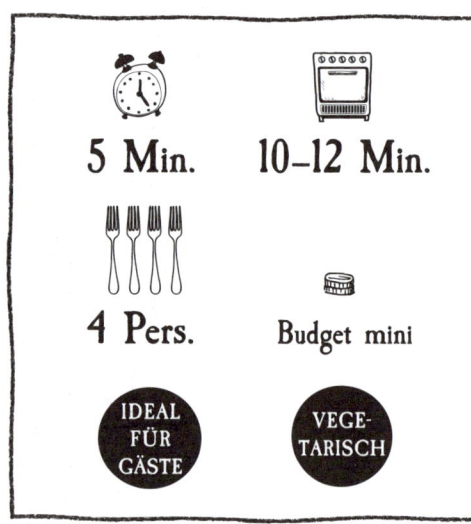

5 Min. | 10–12 Min.
4 Pers. | Budget mini
IDEAL FÜR GÄSTE | VEGETARISCH

2 Avocados

4 Eier

2 EL geriebener Parmesan

1 TL Schnittlauchröllchen

2 EL Kochsahne (15 %)

4 Scheiben Weizenmischbrot

... und außerdem
Salz und Pfeffer

1 Den Backofen auf 180 °C vorheizen. Die Avocados halbieren, entsteinen und in eine Auflaufform setzen.

2 Je 1 Ei in die Höhlungen der Avocados geben. Mit Parmesan und Schnittlauch bestreuen. Salzen und pfeffern und 10–12 Minuten im Ofen überbacken.

3 Mit der Kochsahne beträufeln und mit getoastetem Brot servieren.

💡 Damit die Avocadohälften schön waagerecht liegen bleiben, können Sie sie auf runde Ausstechformen setzen.

Vorspeisen

TERRINE
mit Karotten und Speck

15 Min.
1 Std. 15 Min.
4 Pers.
Budget mini
IDEAL FÜR GÄSTE

2 Bund junge Karotten

400 g Ricotta

3 Eier

250 g Frühstücksspeck

... und außerdem

Salz und Pfeffer

1 Die Karotten in Stücke schneiden. 15 Minuten in einem Topf mit köchelndem Wasser garen. Abtropfen lassen. Pürieren und mit Ricotta und Eiern in einer Schüssel glatt rühren. Salzen und pfeffern. Den Speck in einer Pfanne knusprig braten.

2 Den Backofen auf 210 °C vorheizen. Eine Kastenform mit Backpapier auskleiden. Die Karottenmasse abwechselnd mit den Speckscheiben einfüllen. 45 Minuten im Ofen backen.

💡 Servieren Sie die Terrine mit einer Sauce aus Sahne und Kreuzkümmel.

LACHSTERRINE

15 Min. | 50 Min.
4 Pers. | Budget hoch

IDEAL FÜR GÄSTE

500 g
frischer Lachs

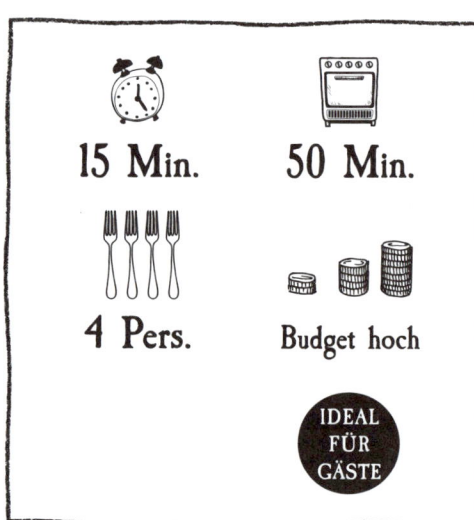

4 Scheiben
Räucherlachs

3
Eier

200 g
Kochsahne (15 %)

… und außerdem
Salz und Pfeffer

1 EL
gehackter Dill

1 Den Backofen auf 180 °C vorheizen. Eine Kastenform mit Frischhaltefolie auskleiden. Den Boden mit 2 Räucherlachsscheiben belegen.

2 Den frischen Lachs in Stücke schneiden und mit Eiern, Sahne und Dill mixen. Salzen und pfeffern. Die Hälfte der Masse in die Form füllen. Mit den restlichen Räucherlachsscheiben bedecken und die restliche Lachsmasse darübergeben.

3 Im vorgeheizten Backofen im Wasserbad 50 Minuten garen.

Vorspeisen

TOMATENTERRINE
mit Ziegenkäse

- 15 Min.
- keine Garzeit
- 4 Pers.
- RUHEN 12 Std.
- VEGETARISCH
- Budget mini

1 kg
Tomaten

1 Rolle
Ziegenkäse

1 Bund
Basilikum

... und außerdem
Salz

1 Die Tomaten einige Sekunden in einen Topf mit kochendem Wasser tauchen. Unter kaltem Wasser abschrecken und die Haut abziehen. Die Tomaten in Scheiben schneiden und die Kerne herauslösen.

2 Eine Terrinen- oder kleine Kastenform mit Frischhaltefolie auskleiden. Die Rolle Ziegenkäse in dünne Scheiben schneiden. Das Basilikum grob hacken. Die Tomatenscheiben abwechselnd mit Ziegenkäse und Basilikum in die vorbereitete Form schichten. Dabei die Schichten immer salzen.

3 Die Terrine mit Frischhaltefolie abdecken, mit einem Gewicht beschweren und 12 Stunden im Kühlschrank stehen lassen. Vor dem Servieren das Tomatenwasser abgießen, dann die Terrine auf eine Platte stürzen. Servieren Sie die Terrine mit einer Basilikum-Vinaigrette.

Vorspeisen

BROTTERRINE
mit Lachs

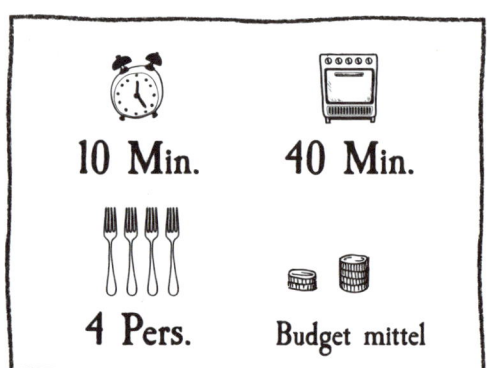

10 Min. | 40 Min.
4 Pers. | Budget mittel

1 Den Backofen auf 150 °C vorheizen. Die Milch in eine Schüssel füllen und das Hefebrot hineinzupfen. Die Eier verquirlen und unterziehen. Den Lachs in Stücke zerteilen und ebenfalls untermischen. Salzen und pfeffern.

2 Eine Kastenform mit Butter einfetten und die Lachsmischung einfüllen. 40 Minuten im Ofen garen.

Garnieren Sie die Terrine mit frischen Schnittlauchröllchen und zerstoßenem rosa Pfeffer und servieren Sie sie mit einer cremigen Tomatensauce.

250 g Stremellachs

4 Scheiben süßes Hefebrot (Stuten)

200 ml Milch

5 Eier

... und außerdem
Butter zum Einfetten
Salz und Pfeffer

Vorspeisen 56

KAROTTENSUPPE
mit Orange

10 Min.   40 Min.

4 Pers.   Budget mini

WENIG KALORIEN

1 Die Karotten in Scheiben schneiden und 30 Minuten in der Hühnerbrühe weich garen.

2 Die Orangenschale fein abreiben und den Saft auspressen. Schale und Saft mit Ingwer und Kreuzkümmel in die Brühe geben. Salzen und pfeffern und weitere 10 Minuten garen.

3 Die Suppe glatt pürieren und die Kochsahne unterziehen.

Garnieren Sie die Suppe mit etwas frisch gehacktem Koriander.

1 kg Karotten

1 Orange

1 TL geriebene Ingwerwurzel

½ TL gemahlener Kreuzkümmel

100 g Kochsahne (15 %)

... und außerdem

1 l Hühnerbrühe
Salz und Pfeffer

TOMATENSUPPE
mit weißen Bohnen

10 Min. | 1 Std.
4 Pers. | RUHEN 12 Std.
VEGETARISCH | Budget mini

1 Die Bohnen am Vorabend in einer Schüssel mit kaltem Wasser einweichen.

2 Die Zwiebel hacken und in einem Topf in etwas Öl andünsten. Die abgetropften Bohnen zugeben und mit Wasser bedecken. Salzen und zum Kochen bringen.

3 Den Salbei zugeben und alles 40 Minuten bei niedriger Hitze garen. Die passierten Tomaten zugießen und das Ganze weitere 10 Minuten garen.

4 Die Suppe auf vier Servierschalen verteilen und mit je 1 Teelöffel Pesto garnieren.

150 g
weiße Bohnen

500 ml
passierte Tomaten

1
Zwiebel

2
frische Salbeiblätter

4 TL
Pesto

... und außerdem
Salz
Öl zum Dünsten

Vorspeisen 60

SUPPE
auf mediterrane Art

15 Min.   15 Min.

4 Pers.   Budget mini

WENIG KALORIEN   VEGETARISCH

1 Die Zwiebeln hacken. Den Knoblauch zerdrücken. Das Gemüse in Stücke schneiden. Alles mit 1,5 Litern Wasser in einen Topf geben und zum Kochen bringen. Salzen und pfeffern. 30 Minuten köcheln lassen.

2 Den Topfinhalt glatt pürieren. Die Crème fraîche unterziehen. Mit dem gehackten Basilikum bestreuen.

In einem Schnellkochtopf beträgt die Garzeit für das Gemüse nur etwa 10 Minuten.

300 g
Karotten

300 g
Tomaten

300 g
Zwiebeln

2 Knollen
Fenchel

1
orange Paprikaschote

... und außerdem

1 Knoblauchzehe
2 EL Crème fraîche
1 Bund Basilikum
Salz und Pfeffer

Vorspeisen

MINESTRONE

25 Min. 30 Min.
4 Pers. Budget mini
VEGE-TARISCH

1 Die Bohnen am Vorabend in einer Schüssel mit kaltem Wasser einweichen.

2 Die Bohnen abgießen, in einen Topf geben, mit Wasser bedecken und 40 Minuten in der Gemüsebrühe garen. Lauch, Rübchen und Tomaten klein schneiden und zusammen mit Erbsen und Nudeln in die Brühe geben.

3 Salzen und pfeffern und etwa 10 Minuten garen, bis die Nudeln weich sind. Mit gehacktem Basilikum garnieren.

Sie können etwas Zeit sparen, indem Sie das frische Gemüse durch tiefgefrorenes Suppengemüse ersetzen.

120 g
weiße Bohnen

2
Stangen Lauch

2
Mairübchen

2
Tomaten

200 g
Erbsen

... und außerdem

1 l Gemüsebrühe
60 g Suppennudeln
10 Basilikumblätter
Salz und Pfeffer

BLUMENKOHLCREMESUPPE
mit Räucherlachs

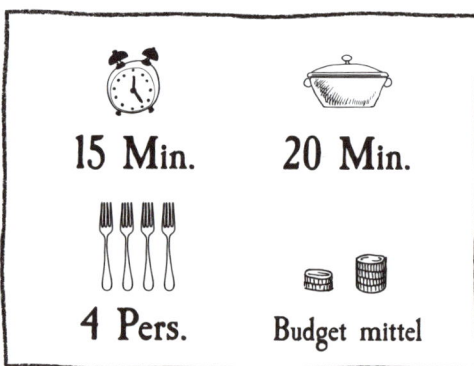

15 Min. | 20 Min.
4 Pers. | Budget mittel

1 Die Zwiebel hacken. Den Lauch klein schneiden. In einem großen Topf mit heißem Olivenöl andünsten. Den Blumenkohl in kleine Röschen zerteilen und mit der Milch und 250 Millilitern Wasser in den Topf geben.

2 Salzen und pfeffern und etwa 15 Minuten köcheln lassen. Den Räucherlachs in Streifen schneiden.

3 Den Topfinhalt glatt pürieren. Die Suppe in tiefe Teller füllen und mit den Räucherlachsstreifen garnieren.

300 g Blumenkohl

1 Zwiebel

1 Stange Lauch

500 ml fettarme Milch

3 Scheiben Räucherlachs

... und außerdem
1 EL Olivenöl
Salz und Pfeffer

Hauptgerichte

SUPPE
auf orientalische Art

10 Min. | 1 Std.
4 Pers. | Budget mini
IDEAL FÜR GÄSTE | VEGETARISCH

1 Die Limette entsaften. Die Zwiebel hacken und in einem großen Topf mit heißem Olivenöl andünsten. Perlgraupen, Limettensaft und Kurkuma untermischen.

2 Mit der Gemüsebrühe ablöschen. Das Tomatenmark unterrühren. Salzen und pfeffern und bei niedriger Hitze 60 Minuten köcheln lassen, bis die Graupen weich sind.

3 Inzwischen die Karotten klein würfeln. Gegen Ende zusammen mit der Sahne unterziehen. Mit gehackter Petersilie garnieren.

💡 *Perlgraupen finden Sie in jedem Supermarkt bei Reis und Hülsenfrüchten.*

200 g Perlgraupen

1 Zwiebel

1 Limette

1 TL Kurkuma

2 Karotten

... und außerdem
2 EL Olivenöl
1,5 l Gemüsebrühe
70 g Tomatenmark
150 g Sahne
1 EL gehackte Petersilie
Salz und Pfeffer

SALAT
auf chinesische Art

10 Min.   keine Garzeit

4 Pers.   Budget mini

IDEAL FÜR GÄSTE

1 Den Salat in eine Schüssel geben. Die Mangos würfeln und mit den Garnelen zum Salat geben.

2 Mit der Sojasauce beträufeln. Minze und Cashewkerne hacken und darüberstreuen. Salzen und pfeffern.

1 Friséesalat

2 Mangos

400 g gegarte ausgelöste Garnelen

10 Minzeblätter

30 g Cashewkerne

... und außerdem

3 EL milde Sojasauce
Salz und Pfeffer

Hauptgerichte

BUNTER NUDELSALAT
mit Melone

10 Min. | 5 Min.
4 Pers. | Budget mini

VEGETARISCH

400 g
bunte Pasta

1
Honigmelone

1
Salatgurke

2 Kugeln
Mozzarella

1 Bund
Basilikum

... und außerdem
2–3 EL Zitronenvinaigrette
Salz und Pfeffer

1 Die Pasta in reichlich Salzwasser bissfest garen. Erkalten lassen und in eine Schüssel geben.

2 Die Melone würfeln. Die Gurke in Scheiben schneiden. Den Mozzarella würfeln. Alles unter die Pasta heben.

3 Mit Vinaigrette, Salz und Pfeffer würzen. Mit gehacktem Basilikum bestreuen.

💡 Für einen italienischen Touch geben Sie noch ein paar gewürfelte Tomaten dazu. Zitronenvinaigrette aus 4 Esslöffeln Zitronensaft, 2 Teelöffeln Honig, 6 Esslöffeln Öl, 1 Teelöffel Senf sowie Salz und Pfeffer mixen.

TABOULÉ

10 Min.   keine Garzeit
4 Pers.   RUHEN 2 Std.
VEGETARISCH   Budget mini

300 g
gegarter Couscous

4
Tomaten

1
Salatgurke

2
Zitronen

1 Tomaten und Gurke würfeln, in einer Schüssel mit dem Couscous vermengen. Die Zitronen auspressen und den Saft untermischen.

2 Die Oliven in Ringe schneiden und mit der Minze unterheben. Salzen und pfeffern. Vor dem Servieren etwa 2 Stunden im Kühlschrank ziehen lassen.

💡 Für eine glutenfreie Version ersetzen Sie den Couscous durch geraspelten rohen Blumenkohl.

10
entsteinte schwarze Oliven

... und außerdem
1 EL gehackte Minze
Salz und Pfeffer

Hauptgerichte

RÖSTBROT
mit Birnen und Roquefort

10 Min. 5 Min.
4 Pers. Budget mini
IDEAL FÜR GÄSTE VEGETARISCH

4 Scheiben helles Weizenmischbrot

50 g Roquefort

3 Birnen

2 EL Walnusskerne

1 Die Brotscheiben toasten. Die Walnusskerne hacken. Die Birnen entkernen und in Spalten schneiden. Auf den Brotscheiben anordnen und 3 Minuten unter dem heißen Backofengrill garen.

2 Den Roquefort mit einer Gabel grob zerdrücken und über die Brote streuen. Weitere 2 Minuten grillen. Mit den Walnusskernen bestreuen.

💡 *Servieren Sie einen kleinen gemischten Salat dazu.*

Hauptgerichte

KÄSETARTE

10 Min. | 30 Min.
4 Pers. | Budget mini

1 Den Backofen auf 180 °C vorheizen. Die Eier trennen. Die Eigelbe mit Sahne, Milch und Mehl verrühren.

2 Den Käse in dünne Scheiben schneiden. Die Eiweiße steif schlagen und beides vorsichtig unter die Eiermasse heben.

3 Eine Backform mit dem Mürbeteig auskleiden. Die Eiermasse hineinfüllen. 30 Minuten im Ofen backen.

💡 *Der Käse lässt sich mit einem Hobel schnell und einfach in feine Scheiben schneiden.*

1 Packung
Mürbeteig

300 g
Rohmilch-Hartkäse, z.B. Comté

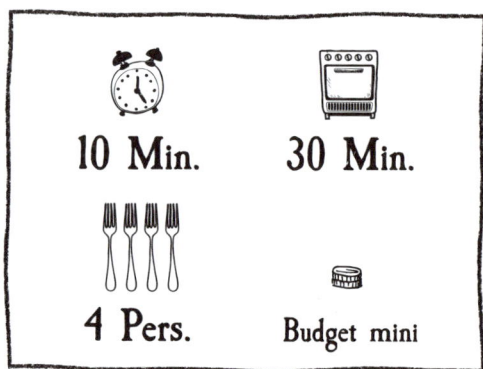

3
Eier

200 g
Kochsahne (15 %)

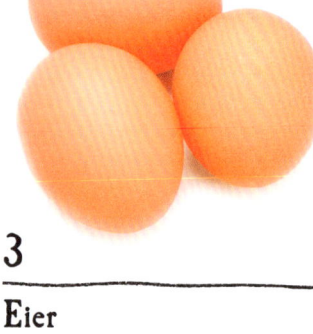

150 ml
fettarme Milch

... und außerdem

1 EL Weizenmehl
Salz und Pfeffer

TOMATENTARTE

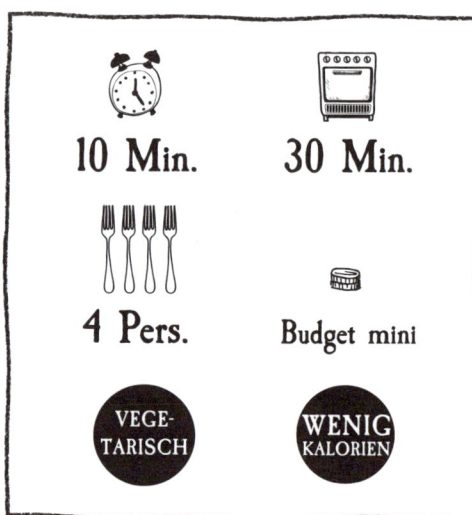

1 Packung
Blätterteig

5
Tomaten

2–3 EL
Senf

1 TL
Kräuter der Provence

1 Den Backofen auf 200 °C vorheizen. Eine Backform mit dem Blätterteig auskleiden. Den Blätterteig mehrmals mit einer Gabel einstechen und mit dem Senf bestreichen.

2 Die Tomaten in Scheiben schneiden und den Blätterteigboden damit belegen. Mit den Kräutern der Provence bestreuen. 30 Minuten im Ofen backen.

Verwenden Sie vollreife Tomaten und körnigen Senf.

QUICHE LORRAINE
mit Thymian

15 Min. 50–55 Min.
6 Pers. Budget mini

1 Den Backofen auf 180 °C vorheizen. Eine Quicheform mit dem Mürbeteig auskleiden. Den Mürbeteig mehrmals mit einer Gabel einstechen. Den Teigboden mit Backpapier und Hülsenfrüchten beschwert 10 Minuten im Ofen vorbacken. Backpapier und Hülsenfrüchte entfernen.

2 Käse und Speckwürfel auf den Teigboden streuen. Den Schmand darauf verteilen. Das verquirlte Ei darübergießen. Großzügig mit den abgezupften Thymianblättern bestreuen. Weitere 40–45 Minuten backen.

1 Packung
Mürbeteig

70 g
geriebener Emmentaler

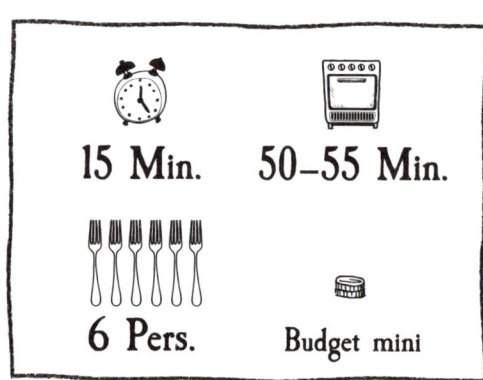

200 g
Speckwürfel

250 g
Schmand

1
Ei

... und außerdem

1 Zweig frischer Thymian
Pfeffer

Hauptgerichte 82

TARTE
mit zweierlei Lachs

15 Min. | 40 Min.
4 Pers. | Budget mittel

IDEAL FÜR GÄSTE

1 Den Backofen auf 200 °C vorheizen. Eine mit Backpapier ausgelegte Quicheform mit dem Mürbeteig auskleiden.

2 Die Eier in einer Schüssel verquirlen. Den frischen Lachs würfeln, den Räucherlachs in Streifen schneiden. Beides zusammen mit der Sahne und dem gehackten Schnittlauch unter die Eier rühren.

3 Die Masse in die Form gießen und 40 Minuten im Ofen backen.

1 Packung Mürbeteig

200 g frischer Lachs

200 g Räucherlachs

4 Eier

... und außerdem
4 Halme Schnittlauch

400 g Sahne

LACHSTORTE
mit Deckel

15 Min. 45 Min.
4 Pers. Budget hoch

1 Den Backofen auf 200 °C vorheizen. Eine Springform mit einer Blätterteigplatte auskleiden. Die Zwiebäcke fein zerkrümeln. Die Schalotten hacken. Den Lachs zerteilen und mit 3 Eiern und 1 Eiweiß (das Eigelb zum Bestreichen aufbewahren), Zwiebackbröseln, Schalotten und Sahne verquirlen. Salzen und pfeffern.

2 Die Masse auf den Teigboden gießen. Mit der zweiten Teigplatte bedecken. Mit dem Eigelb bestreichen und eine kleine runde Öffnung in die Mitte schneiden. 45 Minuten im Ofen backen.

2 Packungen
Blätterteig

500 g
gegartes Lachsfilet

4
Eier

4
Zwiebäcke

3
Schalotten

... und außerdem

3 EL Sahne
Salz und Pfeffer

Hauptgerichte 86

SCHNELLE QUICHE
mit Zwiebeln

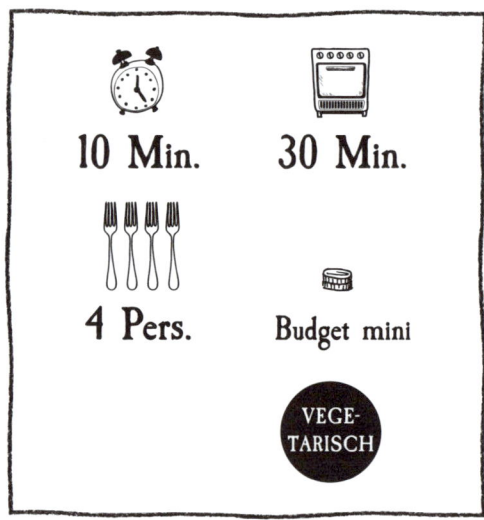

10 Min. 30 Min.
4 Pers. Budget mini
VEGETARISCH

1 Den Backofen auf 180 °C vorheizen. Die Zwiebeln hacken. Die Butter in einer Antihaft-Pfanne zerlassen und die Zwiebeln darin andünsten.

2 Inzwischen Mehl, Eier und Milch in einer Schüssel glatt rühren. Zwiebeln und Käse unterziehen.

3 Die Masse in eine mit Backpapier ausgelegte Quicheform füllen. 25 Minuten im Ofen backen.

Servieren Sie dazu einen Spinatsalat mit Pinienkernen.

4
Zwiebeln

70 g
Weizenmehl

2
Eier

350 ml
fettarme Milch

2 EL
geriebener Emmentaler

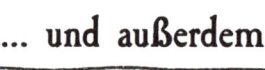

... und außerdem

10 g Butter
Salz und Pfeffer

Hauptgerichte 88

FLAMMKUCHEN

10 Min. | 15 Min.
4 Pers. | Budget mini

1. Den Backofen auf 180 °C vorheizen. Die Zwiebeln würfeln. In einer Antihaft-Pfanne glasig andünsten.

2. Den Joghurt mit Crème fraîche und Muskatnuss glatt rühren. Salzen und pfeffern. Die Tortillas damit bestreichen.

3. Zwiebeln und Speckwürfel auf den Tortillas verteilen. Etwa 10 Minuten im Ofen backen.

Ersetzen Sie den Räucherspeck durch magereren Speck.

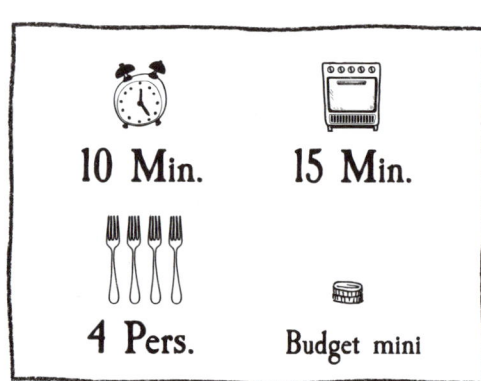

4
Weizentortillas

4
Zwiebeln

200 g
Naturjoghurt

2 EL
Crème fraîche

... und außerdem

1 Prise geriebene Muskatnuss
Salz und Pfeffer

90 g
Räucherspeckwürfel

Hauptgerichte 90

KNUSPERPIZZA

10 Min. | 15 Min.
4 Pers. | Budget mittel
VEGETARISCH

1. Den Backofen auf 180 °C vorheizen. Die Teigblätter mit verquirltem Eigelb bestreichen und aufeinanderlegen.

2. Die Tomaten in Scheiben schneiden, die Zwiebeln würfeln. Den Mozzarella in Scheiben schneiden. Den Teig damit belegen.

3. Mit dem Parmesan bestreuen und die Basilikumblätter darauf verteilen. 15 Minuten im Ofen backen.

Diese Knusperpizza lässt sich auch in Einzelportionen zubereiten. Yufka-Teig erhalten Sie in türkischen Lebensmittelgeschäften. Sie können ihn auch durch Filo- oder Strudelteig aus dem Kühlregal ersetzen.

4
Yufka-Teigblätter

4
Tomaten

4
Frühlingszwiebeln

2 Kugeln
Mozzarella

60 g
geriebener Parmesan

... und außerdem

2 Eigelb
10 Basilikumblätter

Hauptgerichte

WEISSE PIZZA

10 Min. 20 Min.
4 Pers. Budget mittel

1 Den Backofen auf 180 °C vorheizen. Den Ricotta mit der Sahne und etwas Pfeffer glatt rühren und den Pizzateig damit bestreichen. Den Mozzarella in feine Scheiben schneiden und die Hähnchenbrust würfeln. Auf dem Pizzaboden verteilen.

2 Die Pizza auf ein Rost heben und etwa 20 Minuten im Ofen backen.

1 Packung
Pizzateig

4 EL
Ricotta

1 EL
Kochsahne (15 %)

1 Kugel
Mozzarella

... und außerdem
Pfeffer

200 g
gegarte Hähnchenbrust

Hauptgerichte 94

SOMMERPIZZA

10 Min. 20 Min.

4 Pers. Budget mini

VEGE-TARISCH

1 Den Backofen auf 180 °C vorheizen. Die Tomatensauce auf dem Pizzateig verstreichen. Die Frühlingszwiebeln hacken. Die Paprikaschote in Streifen schneiden, die Zucchini raspeln. Den Pizzaboden damit belegen. Dann die Kapern und schließlich den Käse darauf verteilen. Mit Oregano bestreuen.

2 Die Pizza auf ein Ofenrost heben und 20 Minuten im Ofen backen.

1 Packung
Pizzateig

5 EL
Tomatensauce

4
Frühlingszwiebeln

1
orange Paprikaschote

1
Zucchini

... und außerdem

1 EL Kapern
30 g geriebener Emmentaler
1 Msp. getrockneter Oregano

Hauptgerichte 96

BAGUETTEBRÖTCHEN
mit Speck und Käse

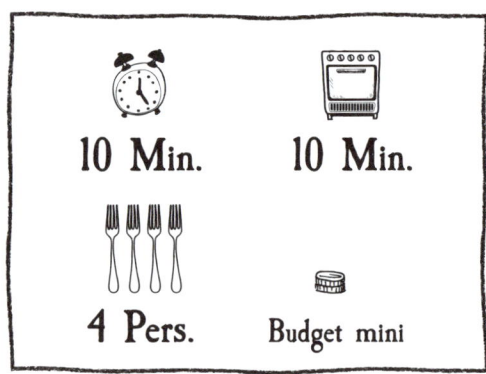

10 Min. 10 Min.

4 Pers.   Budget mini

1 Den Backofen auf 180 °C vorheizen. Die Brötchen oben längs einschneiden, weiten und etwas Krume herauslösen. Die Speckwürfel in einer Pfanne knusprig auslassen. Die Zwiebel würfeln. Den Schnittlauch hacken.

2 Die Eier mit Speck, Käse, Zwiebel und Schnittlauchröllchen verquirlen.

3 Die Masse in die Brötchen füllen. Salzen und pfeffern und etwa 10 Minuten im Ofen backen.

4 Brötchen

5 Eier

100 g Speckwürfel

30 g geriebener Käse

1 Zwiebel

3 Halme Schnittlauch

BUTTERTOAST
mit Äpfeln und Camembert

10 Min. 8 Min.

4 Pers. Budget mini

VEGE-TARISCH

8 Scheiben

Vollkorntoast

4

Apfelscheiben

4 Scheiben

Camembert

15 g

Butter

1 Die Apfelscheiben in einer Antihaft-Pfanne einige Minuten von beiden Seiten braten.

2 Vier Brotscheiben mit der Butter bestreichen. Mit Apfel- und Camembertscheiben belegen. Mit den restlichen Brotscheiben bedecken.

3 Die Croques in der Pfanne einige Minuten von beiden Seiten rösten.

Hauptgerichte

NUDELPFANNE
italienisch

10 Min. | 10 Min.
4 Pers. | Budget mini
VEGETARISCH

500 g Farfalle

400 g gemischtes Sommergemüse

60 g Mozzarella

1 Knoblauchzehe

1 EL Olivenöl

... und außerdem
Salz und Pfeffer

1 Das Gemüse in Stücke schneiden und in einer Antihaft-Pfanne etwa 10 Minuten unter regelmäßigem Wenden braten.

2 Die Pasta in reichlich Salzwasser nach Packungsangabe bissfest garen. Die Knoblauchzehe zerdrücken.

3 Die Pasta abtropfen lassen und mit Knoblauch und Olivenöl unter das Gemüse mischen. Salzen und pfeffern und den gewürfelten Mozzarella unterheben.

💡 Sie können auch eine Gemüsemischung (z. B. mit Zucchini und Paprika) aus dem Tiefkühlfach verwenden.

Hauptgerichte

GNOCCHIPFANNE

10 Min. 13 Min.
4 Pers. Budget mini

1 Die Butter in einer großen Pfanne zerlassen und die Gnocchi darin 10 Minuten unter regelmäßigem Wenden braten. Salzen und pfeffern.

2 Schinkenwürfel, Erbsen und Petersilie untermischen und einige Minuten erhitzen.

💡 TK-Erbsen sind besser geeignet als Dosenware, da sie fester sind und beim Garen nicht zerdrückt werden.

600 g
frische Gnocchi (Kühlregal)

150 g
Schinkenwürfel

150 g
gegarte Erbsen

10 g
Butter

1 EL
gehackte Petersilie

... und außerdem
Salz und Pfeffer

Hauptgerichte 104

CHINESISCHE
Nudelpfanne mit Ente

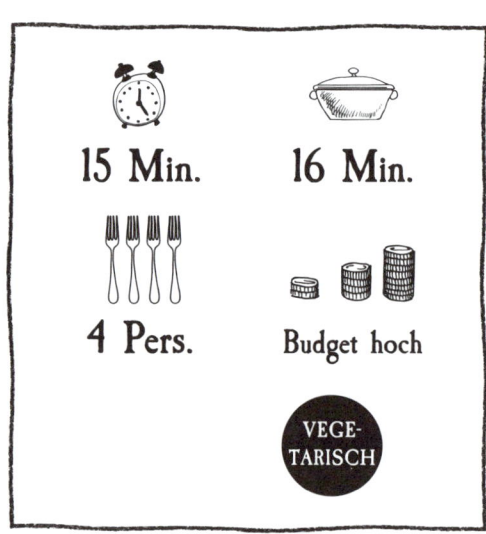

15 Min. 16 Min.
4 Pers. Budget hoch
VEGETARISCH

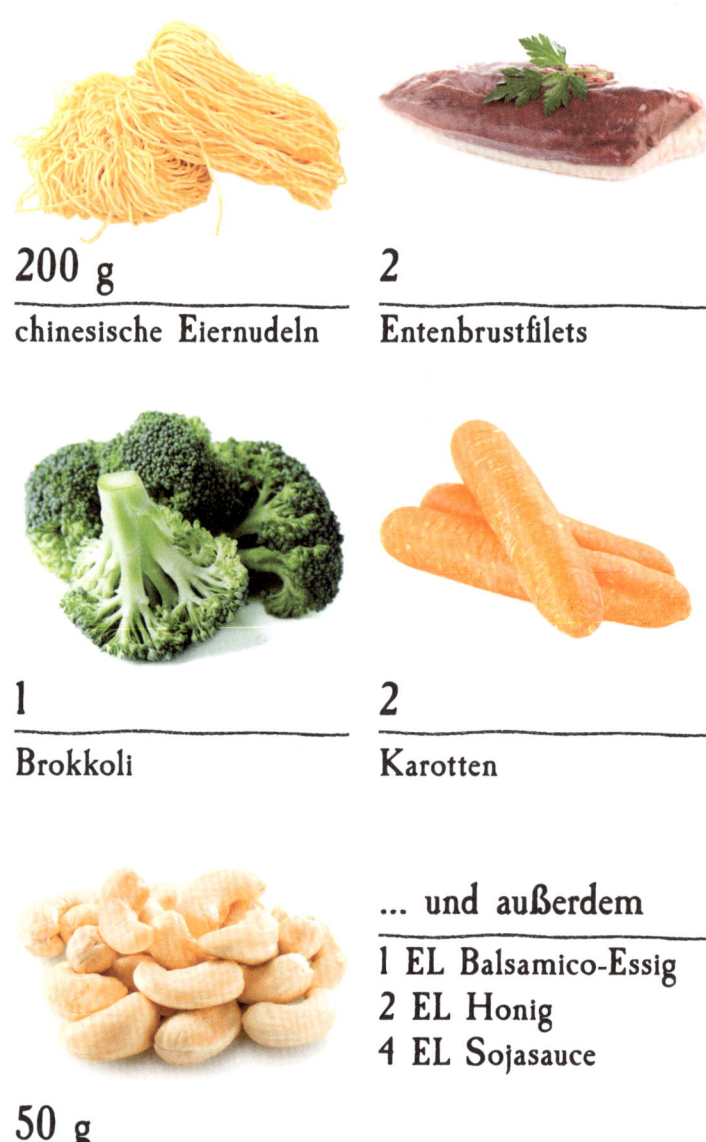

200 g
chinesische Eiernudeln

2
Entenbrustfilets

1
Brokkoli

2
Karotten

50 g
Cashewkerne

... und außerdem

1 EL Balsamico-Essig
2 EL Honig
4 EL Sojasauce

1 Den Essig in einer Schale mit Honig und Sojasauce verrühren. Den Brokkoli in Röschen teilen. Die Karotten würfeln. Brokkoli und Karotten mit den Nudeln 5 Minuten in reichlich Wasser kochen.

2 Die Entenbrustfilets in einer Pfanne erst 5 Minuten von der Hautseite, dann 3 Minuten auf der Fleischseite braten. Die Fettschicht ablösen und das Fleisch in feine Streifen schneiden.

3 Die Fleischstreifen mit Nudeln und Gemüse wieder in die Pfanne geben. Mit der Sauce überziehen. Die Cashewkerne grob hacken, in die Pfanne geben und 3 Minuten erhitzen.

Hauptgerichte

TAGLIATELLE
mit Zucchini

10 Min. | 15 Min.
4 Pers. | Budget mini
VEGETARISCH

1 Die Pasta in reichlich Salzwasser nach Packungsangabe bissfest garen. Abtropfen lassen. Inzwischen die Zucchini mit dem Sparschäler in Bänder schneiden und mit 2 Esslöffeln Wasser 4 Minuten abgedeckt in der Mikrowelle garen.

2 Den Feta würfeln. Die Walnüsse grob hacken. Die Pasta mit dem Öl in eine große Pfanne geben. Feta und Walnüsse untermischen. Die Zucchini mit dem Saft der Zitrone unterheben. Salzen und pfeffern und 3 Minuten sanft erhitzen.

Verwenden Sie frische Tagliatelle. Sie können den Feta auch durch Ziegenfrischkäse ersetzen.

500 g Tagliatelle

2 Zucchini

150 g Feta

70 g Walnüsse

1 Zitrone

... und außerdem
1 EL Olivenöl
Salz und Pfeffer

Hauptgerichte

GRÜNE TAGLIATELLE
mit Brokkoli

10 Min. | 12 Min.
4 Pers. | Budget mini
VEGE-TARISCH

1 Den Brokkoli in Röschen teilen. Mit der Pasta nach Packungsangabe in reichlich Salzwasser bissfest garen. Abtropfen lassen.

2 Die Butter in einem Topf zerlassen und den Spinat darin 3 Minuten unter Rühren zusammenfallen lassen. Brokkoli und Crème fraîche untermischen. Pasta und Parmesan unterheben. Salzen und pfeffern und bei niedriger Hitze heiß werden lassen.

Wenn kein frischer Spinat erhältlich ist, können Sie auch TK-Blattspinat verwenden.

500 g
grüne Tagliatelle

250 g
Brokkoli

1 Handvoll
Blattspinat

1 EL
Crème fraîche

... und außerdem

15 g Butter
Salz und Pfeffer

40 g
geriebener Parmesan

LINGUINE
mit Pancetta

10 Min.   8 Min.
4 Pers.   Budget mini

1 Die Pasta nach Packungsangabe in reichlich Salzwasser bissfest garen. Abtropfen lassen. Inzwischen die Tomaten hacken und den Pancetta in Streifen schneiden.

2 Die Knoblauchzehe zerdrücken. Das Öl in einem Topf erhitzen. Pasta und Knoblauch darin 1 Minute schwenken. Die Pasta auf vier tiefe Teller verteilen. Tomaten, Pancetta-Streifen und Rucola darübergeben. Mit Parmesanspänen bestreuen und nach Belieben salzen.

500 g
Linguine

12 Scheiben
Pancetta oder Frühstücksspeck

50 g
getrocknete Tomaten

1 Handvoll
Rucola

... und außerdem
1 EL Olivenöl
1 Knoblauchzehe
Salz

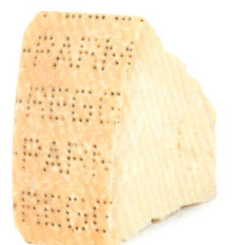
30 g
Parmesan

Hauptgerichte 112

ONE-POT-PASTA
mit Thunfisch

5 Min. | 15 Min.
4 Pers. | Budget mini

1 Den Thunfisch in einem großen Topf grob zerdrücken. Die Zwiebel würfeln. Mit Pasta und Tomaten in den Topf geben. 600 ml Wasser zugießen und alles zum Kochen bringen.

2 Bei niedriger Hitze 15 Minuten gar kochen. Salzen und pfeffern und mit zerzupftem Basilikum bestreuen.

500 g
Tagliatelle

150 g
Thunfisch natur (Konserve)

1
Zwiebel

150 g
geschälte Tomaten

... und außerdem
Salz und Pfeffer

2 EL
gehacktes Basilikum

PASTA MIT AUBERGINE
und Gorgonzola

10 Min. | 30 Min. | 4 Pers. | Budget mini

IDEAL FÜR GÄSTE

500 g Fettuccine

2 Auberginen

300 g Gorgonzola

1 EL gehackte Petersilie

... und außerdem
2 TL Olivenöl
Salz

1 Die Pasta gemäß Packungsangabe in reichlich Salzwasser bissfest garen. Abtropfen lassen. Die Auberginen klein würfeln und in einem Topf mit heißem Olivenöl anbraten. Etwas Wasser zugeben, salzen und 20 Minuten köcheln lassen.

2 Inzwischen den Gorgonzola würfeln und mit der Pasta vermischen. Mit der Petersilie bestreuen. Die Auberginenwürfel unterheben und alles 3 Minuten sanft erhitzen.

CANNELLONI

20 Min. | 45 Min.
6 Pers. | Budget mini
VEGETARISCH

1 Den Backofen auf 200 °C vorheizen. Ricotta, Parmesan und Spinat in einer Schüssel vermengen. Salzen und pfeffern. Die Cannelloni mit der Masse füllen und in eine Auflaufform legen.

2 Passierte Tomaten und Sahne verrühren und die Cannelloni damit überziehen. 45 Minuten im Ofen backen.

💡 Verwenden Sie vorgegarte Cannelloni-Röhren und aufgetauten, gehackten TK-Spinat.

18
Cannelloni

500 g
gehackter Blattspinat

450 g
Ricotta

100 g
geriebener Parmesan

500 ml
passierte Tomaten

... und außerdem

200 g Sahne
Salz und Pfeffer

Hauptgerichte 118

LASAGNE
mit Auberginen

15 Min. | 30 Min.
4 Pers. | Budget mittel

VEGE-TARISCH

1 Den Backofen auf 180 °C vorheizen. 2 bis 3 Lasagneblätter in eine geölte Auflaufform legen. Mit der Auberginensauce überziehen und mit etwas Emmentaler bestreuen. Den Vorgang mit den restlichen Zutaten wiederholen. Dabei mit Lasagneblättern und Käse enden.

2 Milch und Sahne in einer Schüssel verrühren und über die Lasagne gießen. 30 Minuten im Ofen backen.

💡 *Sie können die Auberginensugo durch Ratatouille oder eine andere Pastasauce aus dem Glas ersetzen.*

14
große Lasagneblätter

800 g
Fertig-Auberginensauce (Glas)

150 g
geriebener Emmentaler

150 ml
fettarme Milch

2 EL
Sahne

Hauptgerichte 120

GNOCCHI-AUFLAUF
ruckzuck

- 10 Min.
- 10 Min.
- 4 Pers.
- Budget mini
- IDEAL FÜR GÄSTE
- VEGETARISCH

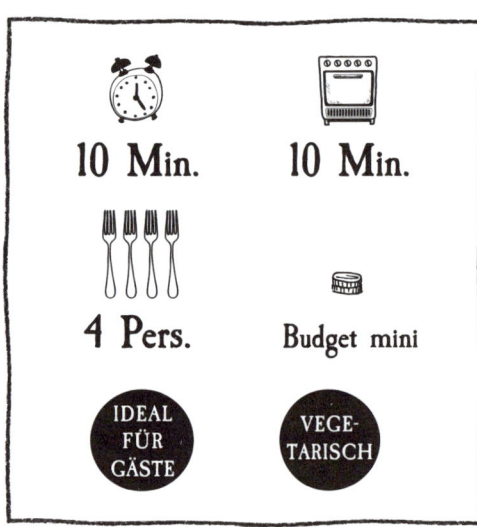

1 Packung
frische Gnocchi

50 g
entsteinte schwarze Oliven

200 g
Kochsahne (15 %)

200 g
geriebener Parmesan

1 Den Backofen auf 220 °C vorheizen. Die Sahne bei niedriger Hitze in einem Topf erhitzen und nach und nach den Parmesan unterrühren. Die Gnocchi 1 Minute in reichlich Wasser kochen. Abtropfen lassen.

2 Die Gnocchi in eine flache Auflaufform füllen. Mit der Parmesansahne übergießen. Die Oliven halbieren und unterheben. 10 Minuten im Ofen überbacken.

Sie können den Parmesan durch Emmentaler ersetzen. Servieren Sie einen kleinen Rucolasalat dazu.

Hauptgerichte

CONCHIGLIONE
mit Spinat-Ricotta-Füllung

10 Min. | 20 Min.
4 Pers. | Budget mini
VEGETARISCH

500 g
Conchiglione

500 g
Ricotta

300 g
gehackter Blattspinat

2
Zwiebeln

250 g
Tomaten aus der Dose

... und außerdem
1 EL Olivenöl
1 EL geriebener Parmesan
Salz und Pfeffer

1 Den Backofen auf 210 °C vorheizen. Die Conchiglione in reichlich Salzwasser nach Packungsangabe bissfest garen. Abtropfen lassen. Den Ricotta mit dem Spinat vermengen. Salzen und pfeffern. Die Pasta mit der Ricottamasse füllen.

2 Die Zwiebeln hacken. In einem Topf im heißen Olivenöl andünsten. Die Tomaten zugeben und zerdrücken. Salzen und pfeffern und einige Minuten köcheln lassen.

3 Die gefüllten Conchiglione in eine flache Auflaufform setzen. Mit der Tomatensauce überziehen und mit dem Parmesan bestreuen. 15 Minuten im Ofen überbacken.

Hauptgerichte

HÖRNCHENNUDELN
mit Erbsen und Pilzen

10 Min. | 15 Min. | 4 Pers. | Budget mini

1 Die Schalotte hacken. In einem großen Topf im heißen Olivenöl andünsten. Die Pasta zugeben und die Hühnerbrühe zugießen.

2 Etwa 10 Minuten bei niedriger Hitze unter Rühren kochen, bis die Brühe aufgesogen ist.

3 Pilze, Erbsen und Soja-Kochcreme untermischen. Mit Parmesan und Petersilie bestreuen und weitere 3 Minuten garen.

Für eine vegane Variante ersetzen Sie die Geflügel- durch Gemüsebrühe.

300 g
Hörnchennudeln

200 g
Champignons (Dose)

150 g
Erbsen aus der Dose

1
Schalotte

600 ml
heiße Hühnerbrühe

... und außerdem

1 EL Olivenöl
4 EL Soja-Kochcreme
2 EL geriebener Parmesan
1 EL gehackte Petersilie
Salz und Pfeffer

Hauptgerichte 126

RISOTTO
mit Chorizo und Hühnchen

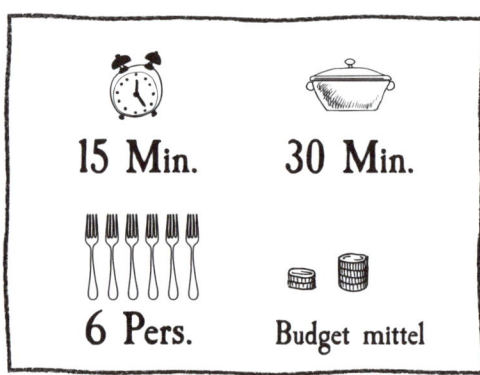

15 Min. 30 Min.
6 Pers. Budget mittel

250 g
Arborio-Reis

1
scharfe Chorizo

1 Die Zwiebeln hacken. 1 Zwiebel auf mittlerer Stufe in einem heißen Topf mit 1 Esslöffel Olivenöl andünsten. Den Reis zufügen und rühren, bis er glasig ist. Mit dem Wein ablöschen.

2 Wenn der Wein verkocht ist, die Hitze reduzieren und die Brühe kellenweise einrühren, bis die Flüssigkeit aufgesogen ist. Salzen und pfeffern. Den Herd ausschalten.

3 Die Chorizo pellen und in Scheiben schneiden. Das Hähnchenfleisch würfeln. Die zweite Zwiebel im restlichen Öl bei mittlerer Hitze andünsten. Chorizo und Hähnchenfleisch zugeben und 10 Minuten unter regelmäßigem Wenden mitbraten. Unter das Risotto heben.

2
Hähnchenbrustfilets

300 ml
Weißwein

... und außerdem

2 Zwiebeln
2 EL Olivenöl
Salz und Pfeffer

1 l
heiße Hühnerbrühe

Hauptgerichte 128

HÄHNCHENKEULEN
mit Gemüse

- 10 Min.
- 35 Min.
- 4 Pers.
- Budget mittel

1 Die Zwiebel grob hacken. Paprikaschote und Aubergine in Stücke schneiden. Das Öl in einem Schmortopf auf mittlerer Stufe erhitzen und die Keulen darin rundum anbraten. Die Zwiebel zugeben und einige Minuten mitbraten. Paprika und Aubergine untermischen.

2 Salzen und pfeffern. Bouquet garni und Tomaten zugeben. Bei aufgesetztem Deckel etwa 30 Minuten bei niedriger Hitze schmoren.

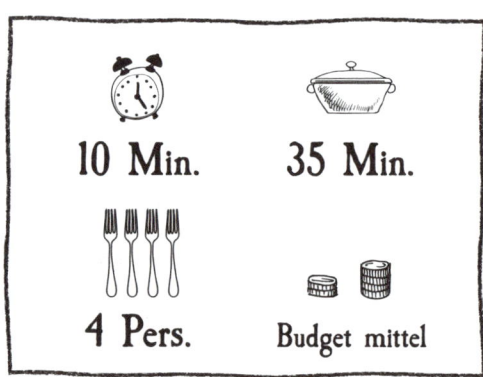

4

Hähnchenkeulen

1

Zwiebel

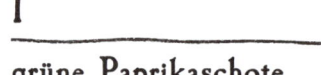

1

grüne Paprikaschote

1

Aubergine

250 g

geschälte Tomaten aus der Dose

... und außerdem

1 EL Olivenöl
1 Bouquet garni
Salz und Pfeffer

BRATHÄHNCHEN
mit Safran

10 Min. | 1 Std. 30 Min.
4 Pers. | Budget mittel
IDEAL FÜR GÄSTE

1 Den Backofen auf 180 °C vorheizen. Safran und Öl verrühren. Die Zitrone vierteln. Die Knoblauchzehe zerdrücken. Den Brühwürfel zerkrümeln. Zitrone, Knoblauch und Brühwürfel in den Bauchraum des Hähnchens geben.

2 Das Hähnchen mit einem Küchenpinsel mit dem Safranöl bestreichen und in eine Bratform setzen. Salzen und pfeffern. 90 Minuten im Ofen braten, dabei nach der Hälfte der Garzeit wenden.

Geben Sie nach der Hälfte der Garzeit Kartoffelwürfel und ganze ungeschälte Knoblauchzehen mit in die Form.

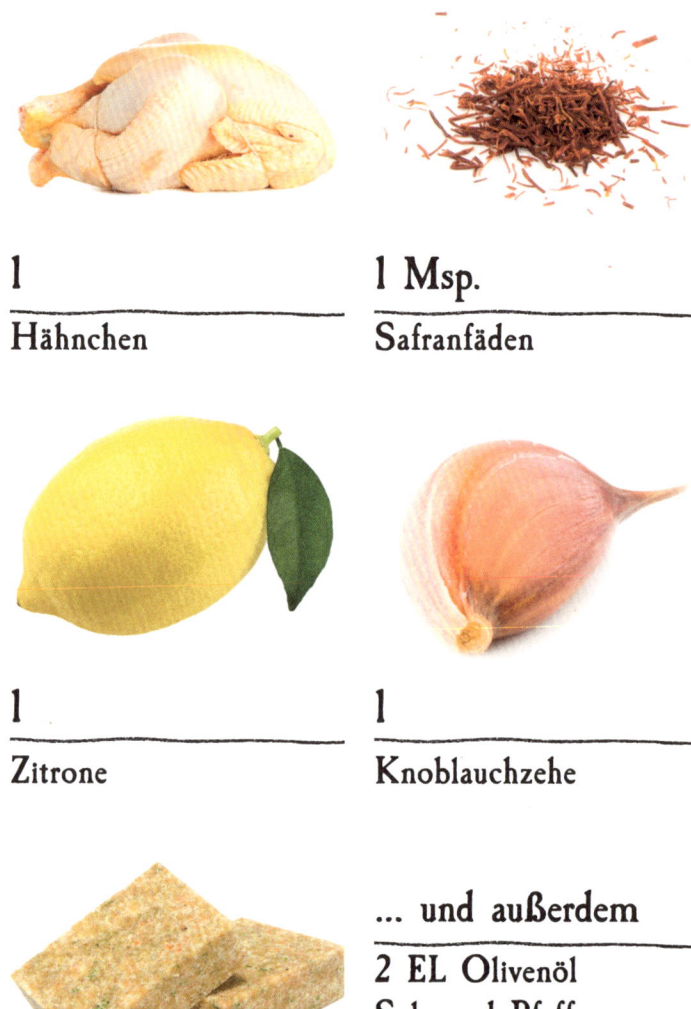

1 Hähnchen

1 Msp. Safranfäden

1 Zitrone

1 Knoblauchzehe

1 Würfel Hühnerbrühe

... und außerdem
2 EL Olivenöl
Salz und Pfeffer

Hauptgerichte 132

HÄHNCHEN
auf baskische Art

10 Min. 35 Min.
4 Pers. Budget mittel

1 Die Zwiebeln hacken, den Knoblauch zerdrücken. Paprikaschoten und Tomaten in Stücke schneiden. Die Hähnchenkeulen in einer tiefen Pfanne im heißen Olivenöl anbräunen. Zwiebeln, Knoblauch und Paprika zugeben und einige Minuten unter Rühren braten. Salzen und pfeffern.

2 Die Tomaten untermischen und 50 Milliliter Wasser zugießen. Bei aufgesetztem Deckel etwa 30 Minuten schmoren.

💡 Gegen Ende der Garzeit können Sie in Streifen geschnittenen luftgetrockneten Schinken zugeben. Garnieren Sie das Gericht mit gehackter Petersilie.

4
Hähnchenkeulen

4
Zwiebeln

4
Knoblauchzehen

3
rote Paprikaschoten

6
Tomaten

... und außerdem

3 EL Olivenöl
Salz und Pfeffer

Hauptgerichte 134

HÄHNCHENPFANNE
mit Zucchini und Tomaten

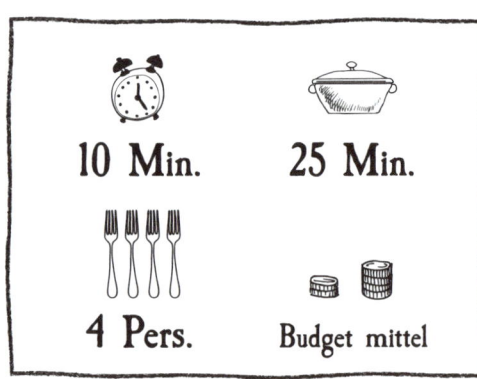

10 Min. 25 Min.
4 Pers. Budget mittel

4
Hähnchenbrustfilets

3
Zucchini

1 Das Hähnchenfleisch in mundgerechte Stücke schneiden und mit dem Paprikapulver bestäuben. Die Zucchini in Stücke schneiden. 1 Esslöffel Öl in einer Pfanne erhitzen und das Fleisch darin rundum anbräunen.

2 Die Zucchini in einem Topf im restlichen heißen Olivenöl 10 Minuten unter Rühren braten.

3 Inzwischen die Tomaten halbieren und zusammen mit Hähnchenstücken und Rosmarin in den Topf geben. Salzen und pfeffern und abgedeckt weitere 5 Minuten bei niedriger Hitze garen.

1 TL
Paprikapulver

6
Rispentomaten

1 Bund
Rosmarin

... und außerdem

2 EL Olivenöl
Salz und Pfeffer

Hauptgerichte 136

PERLHUHN
mit Backpflaumen

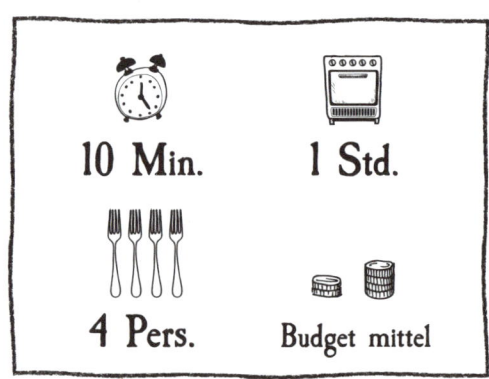

10 Min. 1 Std.
4 Pers. Budget mittel

1 Den Backofen auf 210 °C vorheizen. Die Backpflaumen in den Bauchraum des Perlhuhns geben. Das Perlhuhn in eine Bratform setzen. Mit dem Olivenöl beträufeln. Salzen und pfeffern. 30 Minuten im Ofen braten.

2 Mit dem Weißwein übergießen. Noch etwas Wasser zufügen und weitere 30 Minuten garen. Dabei das Perlhuhn regelmäßig mit dem Bratensaft übergießen.

💡 *Falls nicht alle Backpflaumen in das Perlhuhn gepasst haben, verteilen Sie sie rings um das Geflügel.*

1
Perlhuhn

15
entsteinte Backpflaumen

100 ml
Weißwein

2 EL
Olivenöl

... und außerdem
Salz und Pfeffer

Hauptgerichte

ESSIGHÜHNCHEN

15 Min. **45 Min.**
4 Pers. **Budget mittel**

1 Den Backofen auf 200 °C vorheizen. Essig, Senf, Tomatenmark und Sahne mit 50 ml Wasser in einer Schüssel glatt rühren. Salzen und pfeffern.

2 Das Hähnchen zerlegen und sorgfältig in der Sauce wenden. In eine Bratform legen und 45 Minuten im Ofen braten.

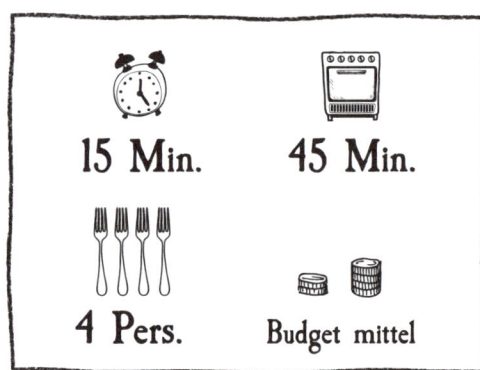

1

Hähnchen

50 ml

heller Essig

5 EL

Senf

2 EL

Tomatenmark

... und außerdem

Salz und Pfeffer

100 g

Sahne

Hauptgerichte 140

HÄHNCHENKEULEN
mit Honig

5 Min. | 20 Min.
4 Pers. | Budget hoch

1 Die Knoblauchzehen hacken. In einer Schüssel mit Öl, Honig, Sojasauce und Koriander glatt rühren. Salzen und pfeffern.

2 Die Hähnchenkeulen damit überziehen und 15 Minuten ziehen lassen. In einer Pfanne 15–20 Minuten bei mittlerer Hitze braten.

Für dieses Rezept können Sie auch Hähnchenunterkeulen oder -flügel verwenden.

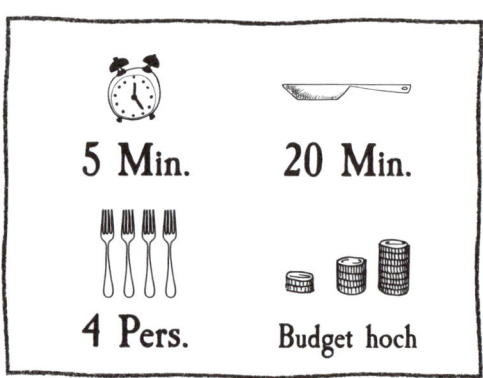
750 g
Hähnchenkeulen

4
Knoblauchzehen

4 EL
Sonnenblumenöl

2 EL
Honig

2 EL
Sojasauce

... und außerdem
2 EL gemahlener Koriander
Salz und Pfeffer

Hauptgerichte

BRATHÄHNCHEN
provenzalische Art

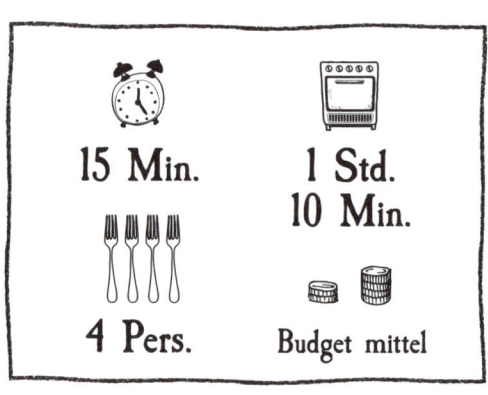

15 Min. | 1 Std. 10 Min.
4 Pers. | Budget mittel

1 Den Backofen auf 210 °C vorheizen. Zwiebel, Zucchini, Aubergine und Paprikaschote in Stücke schneiden. In einem großen Topf mit heißem Olivenöl unter Rühren anbraten. Salzen und pfeffern. In eine Bratform geben.

2 Das Hähnchen auf das Gemüse setzen. Mit 150 ml Wasser übergießen. Die Tomaten halbieren. 1 Knoblauchzehe zerdrücken, die andere mit Schale zum Gemüse geben. Alles in der Bratform verteilen. 1 Stunde im Ofen braten.

... und außerdem
1 EL Olivenöl
2 Knoblauchzehen
Salz und Pfeffer

1
Hähnchen

1
Zwiebel

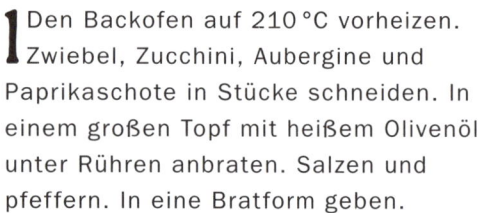
2
Zucchini

1
Aubergine

1
orange Paprikaschote

4
Rispentomaten

Hauptgerichte 144

HÄHNCHENTOPF
mit Aprikosen

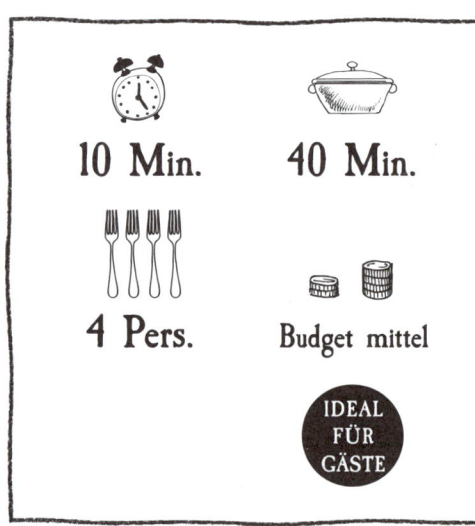

10 Min. 40 Min.
4 Pers. Budget mittel
IDEAL FÜR GÄSTE

1 Das Hähnchenfleisch in Stücke schneiden. Die Zwiebel hacken. In einem großen Topf mit heißem Olivenöl andünsten. Das Hähnchenfleisch zugeben und rundum anbräunen.

2 Mit Ras el Hanout, Salz und Pfeffer würzen und abgedeckt 10 Minuten bei niedriger Hitze garen.

3 So viel Wasser zugießen, dass das Fleisch knapp bedeckt ist, und weitere 20 Minuten garen. Aprikosen und Pistazien zugeben und 10 Minuten köcheln lassen.

Wenn Sie frische Aprikosen verwenden, geben Sie sie erst im letzten Moment dazu, damit sie nicht auseinanderfallen. Ras el Hanout ist eine nordafrikanische Gewürzmischung, die in ihrer Zusammensetzung stark variieren kann. Sie ist in orientalischen Lebensmittelgeschäften oder in gut sortierten Supermärkten oder Bioläden erhältlich.

4
Hähnchenbrustfilets

2 EL
getrocknete Aprikosen

2 EL
Pistazienkerne

4
Zwiebeln

1 TL
Ras el Hanout

... und außerdem
1 EL Olivenöl
Salz und Pfeffer

HÄHNCHENSPIESSE
Yakitori

10 Min. | 8 Min.
4 Pers. | MARINIEREN 1 Std.
IDEAL FÜR GÄSTE | Budget mini

 3 Hähnchenbrustfilets

 ½ Knoblauchzehe

 1 TL geriebener Ingwer

 15 g brauner Zucker

 50 ml Balsamico-Essig

 50 ml Sojasauce

1 Den Backofengrill auf hoher Stufe vorheizen. Den Knoblauch zerdrücken. Mit Ingwer, Zucker, Essig und Sojasauce in einer Schüssel verrühren. Das Hähnchenfleisch würfeln, in die Schüssel geben und mindestens 1 Stunde marinieren.

2 Die Fleischwürfel auf Holzspieße stecken und 8 Minuten im Ofen grillen. Dabei regelmäßig mit der Marinade überziehen.

Die Spieße können auch auf einem Holzkohle- oder Gasgrill zubereitet werden.

KORIANDERHÄHNCHEN
in Sojasauce

10 Min. | 10 Min.
4 Pers. | MARINIEREN 1 Std.
Budget mini

500 g
Hähnchenbrustfilet

2 EL
Sojasauce

1 EL
Olivenöl

1 TL
Knoblauchflocken

... und außerdem

etwas Pfeffer

1 Bund
Koriander

1 Den gehackten Koriander mit Sojasauce, Öl und Knoblauch in einer Schüssel verrühren. Mit Pfeffer würzen. Die Hähnchenbrustfilets darin etwa 1 Stunde marinieren.

2 Das Fleisch samt Marinade in einer heißen Pfanne 10 Minuten unter regelmäßigem Wenden braten.

3 Wenn die Marinade zu dunkel wird, etwas heißes Wasser zugeben. Sofort mit Basmatireis servieren.

Verwenden Sie eine relativ milde, süße Sojasauce. Sie können das Rezept auch mit Putenschnitzeln zubereiten.

Hauptgerichte

HÜHNCHENCURRY

15 Min. 15 Min.
4 Pers. Budget mittel

WENIG KALORIEN

1 Das Hähnchenfleisch in Würfel schneiden und in einem Topf mit heißem Olivenöl rundum anbräunen.

2 Kokosmilch, Tomaten und Currypulver zugeben und 15 Minuten bei niedriger Hitze garen.

Sie können mit den Tomaten auch noch einen klein gewürfelten Apfel zugeben.

4 Hähnchenbrustfilets

400 ml Kokosmilch

250 g gehackte Tomaten

1 EL Olivenöl

1 EL Currypulver

ZITRONENHÄHNCHEN
mit Oliven

10 Min. 45 Min.
4 Pers. Budget mittel

1 Das Hähnchen zerlegen. Die Zwiebeln grob hacken. Beides zusammen in einem großen Topf mit heißem Olivenöl anbraten.

2 Den Saft der Zitronen, abgetropfte Oliven, Ras el Hanout und Brühwürfel untermischen. Bei aufgesetztem Deckel 40 Minuten bei niedriger Hitze schmoren.

Sie können auch ein paar Zitronenscheiben mitgaren (von einer Bio-Zitrone).

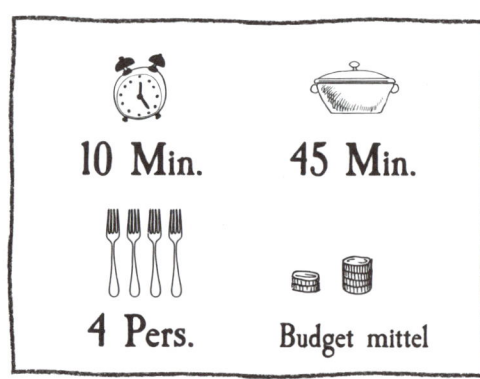

1 Hähnchen

2 Zitronen

2 Zwiebeln

50 g grüne Oliven

1 EL Ras el Hanout (s. S. 146)

... und außerdem

1 EL Olivenöl
1 Würfel Hühnerbrühe

HÄHNCHENBRUST
mit Kirschen und Portwein

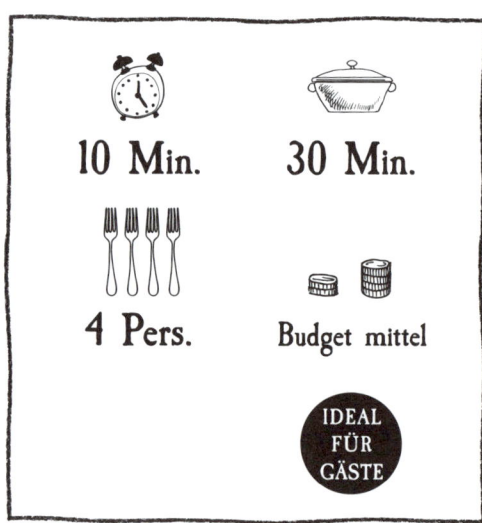

10 Min. 30 Min.

4 Pers. Budget mittel

IDEAL FÜR GÄSTE

1 Die Filets salzen und pfeffern und in einer Pfanne im heißen Öl etwa 15 Minuten unter mehrmaligem Wenden braten.

2 Inzwischen die Kirschen entkernen. Zum Fleisch in die Pfanne geben und weitere 15 Minuten garen. Den Portwein zugießen und kurz aufkochen lassen.

💡 *Außerhalb der Saison können Sie abgetropfte Kirschen aus dem Glas verwenden.*

4
Brustfilets vom Perlhuhn

400 g
Süßkirschen

50 ml
Portwein

2 EL
Olivenöl

... und außerdem

Salz und Pfeffer

PUTENGESCHNETZELTES
mit Champignons

15 Min. | 10 Min.
4 Pers. | Budget mini

WENIG KALORIEN

1 Die Zwiebeln hacken und in einem Topf mit Butter dünsten. Die Fleischstreifen zugeben, salzen und pfeffern und 5 Minuten braten.

2 Inzwischen die Champignons in Scheiben schneiden. Mit der Petersilie zum Fleisch geben und 3 Minuten bei niedriger Hitze garen. Die Sahne zugießen und 2 Minuten köcheln lassen.

Verwenden Sie gemischte Pilze.

600 g
Putenbruststreifen

300 g
Champignons

2
Zwiebeln

1 EL
gehackte Petersilie

... und außerdem

20 g Butter
Salz und Pfeffer

200 g
Kochsahne (15 %)

Hauptgerichte 158

PUTENROULADEN
mit Speck

10 Min. | 15 Min. | 4 Pers. | Budget mittel

1 Die Schnitzel je mit 1 Speckscheibe und 1 Käsescheibe belegen. Aufrollen und mit Holzspießen feststecken.

2 Die Zwiebel hacken. Die Butter in einer Pfanne zerlassen und die Zwiebel darin andünsten.

3 Die Rouladen in die Pfanne geben und bei aufgesetztem Deckel 20 Minuten braten. Mit Pfeffer würzen. Mit dem Bier ablöschen und 5 Minuten einköcheln lassen.

💡 *Sowohl Putenschnitzel als auch Speck sollten möglichst dünn geschnitten sein.*

4
Putenschnitzel

4 Scheiben
Frühstücksspeck

4 Scheiben
Edamer

1
Zwiebel

50 ml
helles Bier

... und außerdem

15 g Butter
Pfeffer

Hauptgerichte 160

PUTENGESCHNETZELTES
in Senfsahne

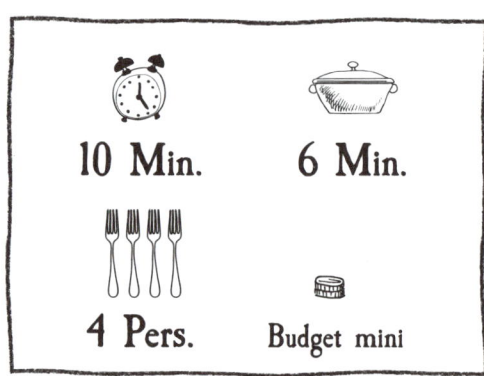

10 Min. 6 Min.
4 Pers. Budget mini

600 g
Putenbruststreifen

1
Zwiebel

1 Die Zwiebel hacken. Die Butter in einer großen Pfanne zerlassen und die Zwiebel darin dünsten. Die Putenstreifen zugeben und 4 Minuten bei starker Hitze unter Rühren braten. Salzen und pfeffern. Auf einen Teller geben.

2 Den Wein in die Pfanne gießen und den Bratensatz unter Rühren vom Pfannenboden lösen. Senf und Sahne einrühren und 1 Minute bei mittlerer Hitze eindicken lassen.

3 Fleisch und Zwiebel zurück in den Topf geben und einige Minuten auf niedriger Stufe unter Rühren durcherhitzen. Mit dem Schnittlauch garnieren.

50 ml
trockener Weißwein

2 EL
körniger Senf

200 g
Kochsahne (15 %)

... und außerdem

20 g Butter
2 EL Schnittlauchröllchen
Salz und Pfeffer

Hauptgerichte

PUTENCURRY
mit Datteln

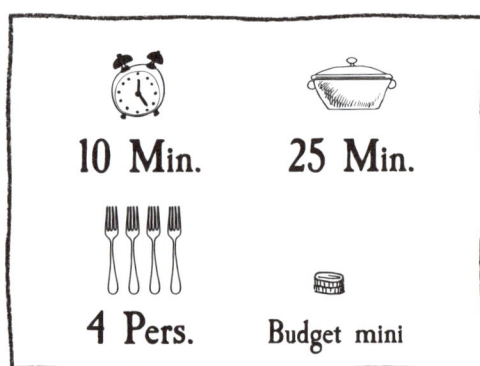

10 Min.   25 Min.

4 Pers.   Budget mini

1 Die Putenschnitzel in Stücke schneiden. Die Datteln je in drei Stücke schneiden. Das Putenfleisch mit Currypulver in einer großen Pfanne mit Öl anbraten.

2 Mit der Kokosmilch ablöschen. Datteln und Ingwer zugeben und das Ganze bei aufgesetztem Deckel 20 Minuten bei niedriger Hitze garen.

4 Putenschnitzel

10 entsteinte Datteln

1 TL Currypulver

1 EL Olivenöl

200 ml Kokosmilch

1 TL gemahlener Ingwer

OSSO BUCO
mit Putenfleisch

10 Min.   40 Min.
4 Pers.   Budget mini

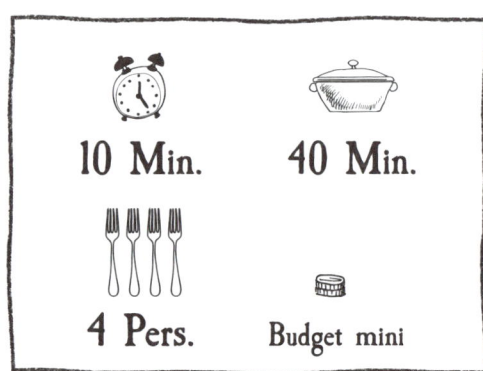

800 g
Putenbruststreifen

8
Karotten

1 Die Karotten in Scheiben schneiden. Die Zitronenschale fein abreiben und den Saft auspressen. Das Putenfleisch in einem großen Topf im heißen Öl anbraten. Salzen und pfeffern. Karotten, Zitronensaft und -schale zufügen.

2 Das Tomatenmark mit 500 ml Wasser verrühren und in den Topf gießen. Den Oregano zugeben. Bei aufgesetztem Deckel 40 Minuten bei niedriger Hitze schmoren.

1
Zitrone

4 EL
Tomatenmark

1 EL
gehackter Oregano

... und außerdem

1 EL Olivenöl
Salz und Pfeffer

Hauptgerichte 166

PUTENROLLBRATEN
mit Äpfeln

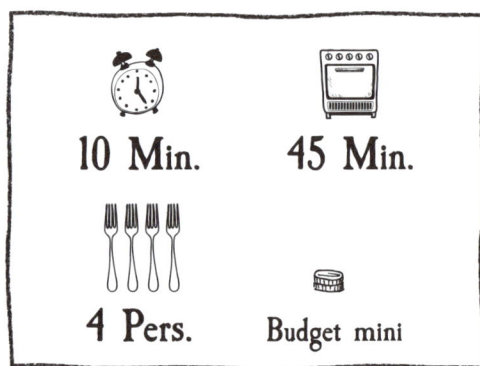

10 Min.　45 Min.

4 Pers.　Budget mini

1 Den Backofen auf 210 °C vorheizen. Den Putenbraten mit Salz und Pfeffer einreiben und in einer Bratform 15 Minuten im Ofen braten.

2 Inzwischen die Äpfel in dicke Spalten schneiden. Die Zwiebeln grob hacken. Rund um den Braten verteilen. Den Cidre zugießen. Salzen und pfeffern. Abgedeckt weitere 40 Minuten gar braten.

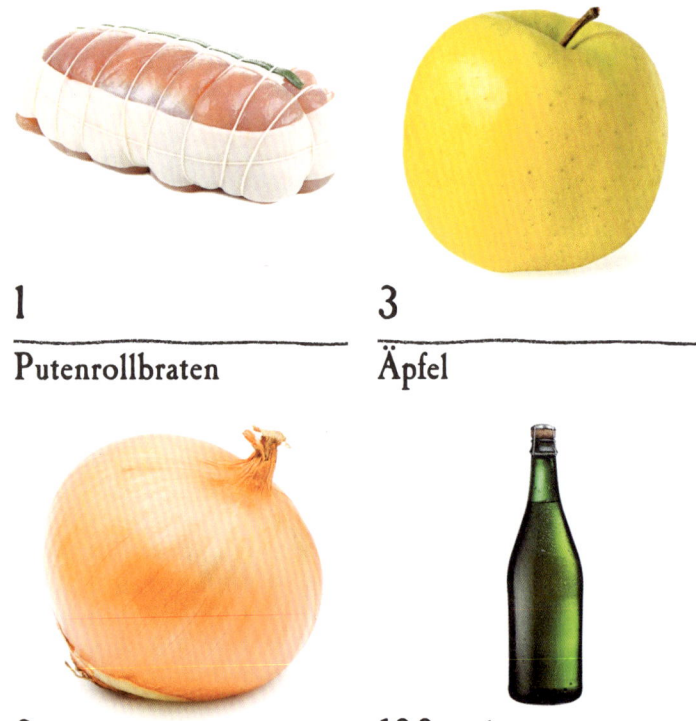

1 Putenrollbraten

3 Äpfel

3 Zwiebeln

100 ml Cidre

... und außerdem

Salz und Pfeffer

WACHTELN
mit Rosinen

10 Min. — 35 Min.
4 Pers. — Budget hoch
IDEAL FÜR GÄSTE

1 Die Wachteln mit dem Schinken umwickeln und in einer großen Pfanne im heißen Öl rundum anbraten.

2 Salzen und pfeffern. Die Thymianblätter zugeben. Bei aufgesetztem Deckel 20 Minuten auf niedriger Stufe garen.

3 Den Portwein zugießen, die Rosinen zufügen und das Ganze etwa 10 Minuten ohne Deckel garen.

4
Wachteln

4 Scheiben
roher Schinken

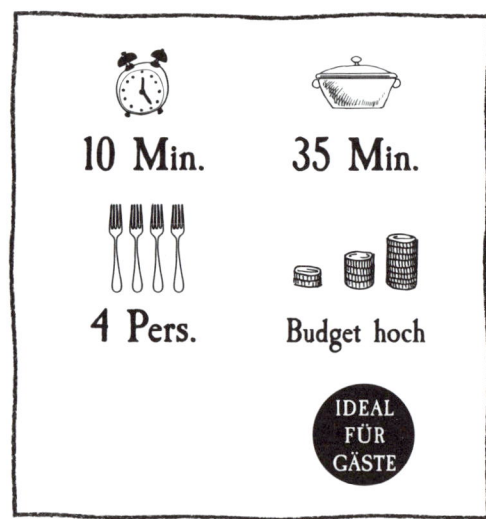
50 g
Rosinen

100 ml
Portwein

2 EL
Olivenöl

... und außerdem

1 Zweig Thymian
Salz und Pfeffer

ENTENBRUST
mit Ananas

10 Min. | 7 Min.
4 Pers. | Budget hoch

12 Streifen
Entenbrustfilet

½
Ananas

1 Frischkäse und Ananassaft glatt rühren. Die Ananas würfeln. Die Butter in einer großen Pfanne zerlassen und die Filetstreifen darin 5 Minuten rundum braten.

2 Die Ananaswürfel zum Entenfleisch geben und 2 Minuten mitgaren.

3 Die Frischkäsemischung zufügen. Salzen und pfeffern und einige Minuten eindicken lassen.

5 TL
Frischkäse

3 EL
Ananassaft

15 g
Butter

... und außerdem
Salz und Pfeffer

Hauptgerichte 172

ENTENBRUSTFILETS
mit Orange

- 10 Min.
- 15 Min.
- 4 Pers.
- Budget hoch

1. Die Chicorées halbieren. Die Orangen auspressen. Die Filetstreifen in einer großen Pfanne rundum bei mittlerer Hitze anbraten. Die Marmelade mit 50 ml Wasser verrühren, in die Pfanne geben und 5 Minuten garen.

2. Die Chicoréehälften mit Orangensaft und Butter in eine tiefe Pfanne geben.

3. Bei aufgesetztem Deckel etwa 10 Minuten dünsten. Die Entenbrustfilets zugeben. Salzen und pfeffern.

12 Streifen Entenbrustfilet

3 Orangen

8 Chicorées

1 TL Orangenmarmelade

10 g Butter

... und außerdem Salz und Pfeffer

BURGER
mit Avocado

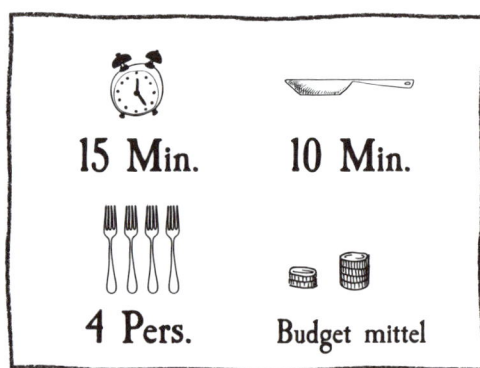

15 Min.   10 Min.

4 Pers.   Budget mittel

1 Das Hackfleisch zu vier flachen Frikadellen formen. Das Avocadofleisch in einer Schale zerdrücken und mit Zitronensaft und Mayonnaise glatt rühren. Salzen und pfeffern.

2 Frikadellen und Schinken 5–7 Minuten in einer Antihaft-Pfanne braten. Die Brötchenhälften mit der Avocadocreme bestreichen und mit Frikadellen und Schinken zusammensetzen.

💡 Achten Sie darauf, dass die Avocado essreif ist.

4 Hamburger-Brötchen

600 g Rinderhackfleisch

4 Scheiben Kochschinken

1 Avocado

½ Zitrone

2 EL Mayonnaise

... und außerdem

Salz und Pfeffer

ZUCCHINI
mit Hackfüllung

⏰ 15 Min. 🍲 20 Min.
🍴 4 Pers. 💰 Budget hoch

WENIG KALORIEN

8
Kugelzucchini

500 g
Rinderhackfleisch

1
Zwiebel

1
Knoblauchzehe

100 g
Pinienkerne

… und außerdem
1 EL Olivenöl
1 TL Ras el Hanout (s. S. 146)
Salz und Pfeffer

1 Von den Zucchini eine Kappe abschneiden. Die Zucchini mit einem Löffel aushöhlen und das Fruchtfleisch hacken. Zwiebel und Knoblauch hacken. Zucchinifleisch, Zwiebel, Knoblauch, Hackfleisch, Ras el Hanout und Pinienkernen in einer Pfanne im heißen Öl anbraten.

2 Die Zucchini mit der Hackfleischmischung füllen und die Kappen wieder aufsetzen. In einen großen Topf setzen, etwas Wasser zugießen und 20 Minuten bei mittlerer Hitze garen.

HACKFLEISCHPFANNE
mit Kreuzkümmel-Karotten

10 Min. | 30 Min.
4 Pers. | Budget mini

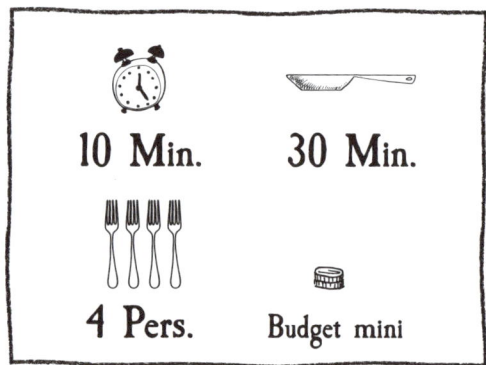

250 g Rinderhackfleisch

700 g Karotten

6 Frühlingszwiebeln

1 TL gemahlener Kreuzkümmel

... und außerdem

1 EL Olivenöl
Salz und Pfeffer

2 EL gehackter Koriander

1 Die Karotten würfeln. Die Frühlingszwiebeln hacken und in einer großen Pfanne im heißen Öl andünsten. Karotten und Kreuzkümmel zufügen.

2 Mit 100 ml Wasser ablöschen. Salzen und pfeffern. Bei aufgesetztem Deckel etwa 25 Minuten bei niedriger Hitze dünsten.

3 Das Hackfleisch in einer Antihaft-Pfanne etwa 10 Minuten unter Rühren braten. Unter die Karotten mischen. Salzen und pfeffern. Mit dem Koriander bestreuen.

Hauptgerichte 180

HACKBÄLLCHEN
in Tomatensauce

10 Min. | 20 Min.
4 Pers. | Budget mini
IDEAL FÜR GÄSTE

1 Die Zwiebel hacken und mit Hackfleisch und Koriander vermengen. Salzen und pfeffern. Zu Kugeln formen.

2 Die Hackfleischbällchen in einer tiefen Pfanne im heißen Öl einige Minuten rundum anbräunen.

3 Die passierte Tomaten zufügen und bei aufgesetztem Deckel 20 Minuten bei niedrigster Hitze schmoren.

500 g Rinderhackfleisch

500 g passierte Tomaten

1 Zwiebel

2 EL gehackter Koriander

2 TL Olivenöl

... und außerdem
Salz und Pfeffer

Hauptgerichte

CHILI CON CARNE
extra leicht

15 Min. | 30 Min.
6 Pers. | Budget hoch

WENIG KALORIEN

1 Die Zwiebel hacken. Zusammen mit dem Hackfleisch in einer Pfanne im heißen Öl braten. Mit Salz würzen.

2 Bohnen, Tomaten und Chilisauce zugeben und 20 Minuten unter gelegentlichem Rühren garen.

3 Die Kidneybohnen untermischen und weitere 10 Minuten garen.

💡 Verwenden Sie möglichst ganz mageres Hackfleisch mit einem Fettanteil von rund 5 %.

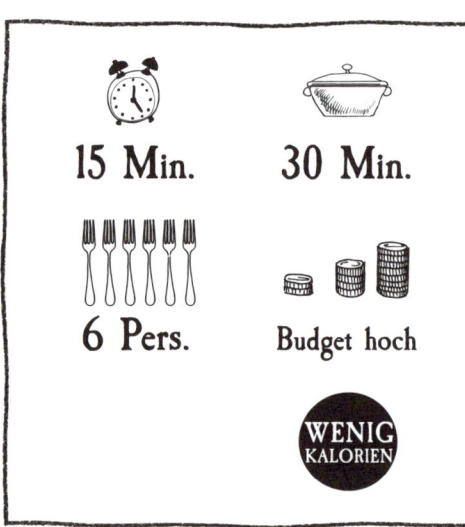
600 g
Rinderhackfleisch

1
Zwiebel

1 kleine Dose
grüne Bohnen (220 g)

1 große Dose
gehackte Tomaten (480 g)

1 kleine Dose
Kidneybohnen (250 g)

... und außerdem

1 EL Olivenöl
1 EL Chilisauce
Salz

Hauptgerichte 184

GEMÜSESUPPE
mit Hackbällchen

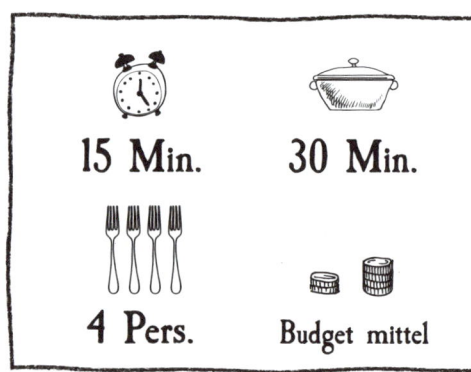

15 Min. 30 Min.
4 Pers. Budget mittel

1 Das Gemüse in Stücke schneiden. In einen Topf geben, mit Wasser bedecken und aufkochen. Brühwürfel und Ras el Hanout zugeben und bei aufgesetztem Deckel 25 Minuten köcheln lassen.

2 Die Zwiebel hacken und mit Semmelbröseln, Milch, Minze, Gewürz und Hackfleisch vermengen. Zu Kugeln formen und in einer Pfanne im heißen Öl 5 Minuten rundum anbräunen.

3 Auf das Gemüse setzen und weitere 5 Minuten garen.

Sie können alternativ TK-Gemüse verwenden.

1 kg
gemischtes Gemüse

500 g
Rinderhackfleisch

1
Zwiebel

1 Würfel
Rinderbrühe

2 EL
Ras el Hanout
(s. S. 146)

... und außerdem

50 g Semmelbrösel
1 EL Milch
1 EL gehackte Minze
1 TL Hackfleisch-
  Gewürz
1 EL Olivenöl

Hauptgerichte 186

GEFÜLLTE ZUCCHINI

marokkanische Art

15 Min. 35 Min.
4 Pers. Budget mittel

4 Kugelzucchini

250 g Rinderhackfleisch

1 rote Paprikaschote

1 Ei

300 g Tomatensauce

... und außerdem

1 Zwiebel
1 EL gehackte Petersilie
Salz und Pfeffer

1 Von den Zucchini eine Kappe abschneiden und die Zucchini mit einem Löffel aushöhlen.

2 Den Backofen auf 180 °C vorheizen. Die Zwiebel hacken. Die Paprikaschote in Streifen schneiden und zusammen mit Zwiebel und Hackfleisch in einer Antihaft-Pfanne etwa 10 Minuten unter Rühren braten. Erkalten lassen. Ei und Petersilie zugeben. Salzen und pfeffern und alles vermengen.

3 Die Zucchini damit füllen und die Kappen wieder aufsetzen. In eine Auflaufform setzen und etwas Wasser angießen. Das Zucchinifleisch hacken und mit der Tomatensauce in die Form geben. 25 Minuten im Ofen garen.

Sie können auch Zwiebeln mit der Hackfleischmasse füllen.

Hauptgerichte 188

RINDERSCHMORFLEISCH
in würziger Biersauce

15 Min. | 2 Std. 40 Min.
4 Pers. | Budget mittel

IDEAL FÜR GÄSTE

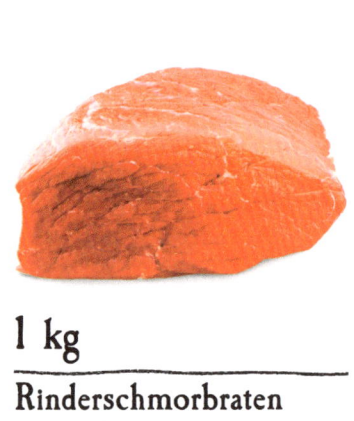
1 kg
Rinderschmorbraten (Keule)

750 ml
Pilsener

2
Zwiebeln

3 Scheiben
Honigkuchen

3 EL
Senf

... und außerdem
25 g Butter
1–2 EL Weizenmehl
Salz und Pfeffer

1 Das Rindfleisch in Würfel schneiden. Die Zwiebeln hacken. Die Butter in einem Schmortopf zerlassen und die Zwiebeln darin andünsten. Das Rindfleisch zugeben und rundum braun anbraten.

2 Mit dem Mehl bestäuben. Das Bier zugießen und zum Kochen bringen.

3 Den Honigkuchen mit dem Senf bestreichen und auf das Fleisch legen. Bei aufgesetztem Deckel 2½ Stunden bei niedrigster Hitze schmoren. Gelegentlich umrühren.

RINDER-TOURNEDOS
mit Zwiebelmus

10 Min.   30 Min.
4 Pers.   Budget hoch

1 Die Zwiebeln hacken. Die Butter in einem Topf zerlassen und die Zwiebeln darin bei kleiner Hitze etwa 25 Minuten dünsten. In einem zweiten Topf den Essig auf die Hälfte einkochen. Mit Salz und Pfeffer abschmecken.

2 Die Tournedos in einer Antihaft-Pfanne 3–5 Minuten von jeder Seite braten.

3 Die Zwiebeln auf Servierteller geben und die Tournedos darauf anrichten. Mit dem eingekochten Essig beträufeln.

4 Tournedos

6 Zwiebeln

20 g Butter

150 ml Balsamico-Essig

... und außerdem

Salz und Pfeffer

Hauptgerichte 192

RINDFLEISCH
mit Schalotten

10 Min. · 12 Min. · 4 Pers. · Budget mittel

1 Die Schalotten hacken. In einem Topf mit Öl andünsten. Den Wein zugießen und 3 Minuten garen. Salzen und pfeffern.

2 Das Rindfleisch 3 Minuten von jeder Seite in einer Grillpfanne braten. Auf Tellern mit den Schalotten anrichten und mit dem Schnittlauch bestreuen.

4 Scheiben Saumfleisch

10 Schalotten

150 ml trockener Weißwein

2 EL Schnittlauchröllchen

1 TL Olivenöl

… und außerdem
Salz und Pfeffer

KALBSMEDAILLONS
mit Roquefort

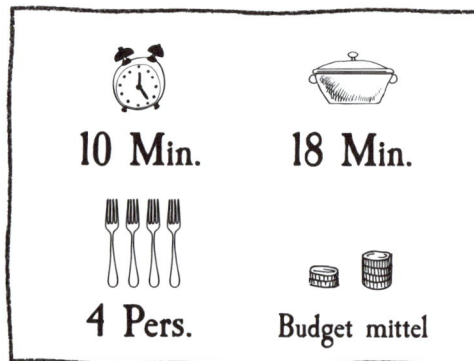

1. Den Roquefort in einer Schale mit einer Gabel zerdrücken und die Kondensmilch unterrühren.

2. Die Kalbsmedaillons salzen und pfeffern. Die Butter in einer Pfanne zerlassen und die Medaillons darin auf mittlerer Stufe etwa 10 Minuten von jeder Seite braten.

3. Die Roquefort-Mischung zufügen und bei aufgesetztem Deckel etwa 8 Minuten bei niedrigster Hitze garen.

4

Kalbsmedaillons im Speckmantel

100 g

Roquefort

80 g

Kondensmilch

20 g

Butter

... und außerdem

Salz und Pfeffer

Hauptgerichte

KALBSNUSS
mit Honigkarotten

10 Min. | 25 Min.
4 Pers. | Budget mittel
WENIG KALORIEN

1 Die Karotten in Stifte schneiden, die Frühlingszwiebeln hacken. Beides in einen Topf geben und halb mit Wasser bedecken. Zum Kochen bringen.

2 Mit aufgesetztem Deckel 25 Minuten bei niedriger Hitze garen. Honig und Ingwer unterrühren.

3 Die Butter in einer tiefen Pfanne zerlassen und das Kalbfleisch darin 10 Minuten unter regelmäßigem Wenden braten. Ruhen lassen, dann in Scheiben schneiden. Mit dem Gemüse anrichten.

700 g
Kalbsnuss

10
Karotten

10
Frühlingszwiebeln

1 EL
Honig

1 Prise
gemahlener Ingwer

... und außerdem
20 g Butter
Salz und Pfeffer

Hauptgerichte 198

KALBSSCHNITZEL NATUR
mit Champignons

10 Min. 15 Min.
4 Pers. Budget mittel

4
Kalbsschnitzel

200 g
Champignons

1 Die Pilze in Scheiben schneiden. Die Butter in einer Pfanne zerlassen und die Schnitzel darin bei niedriger Hitze 5 Minuten von jeder Seite braten. Auf einen Teller heben.

2 Die Pilze in die Pfanne geben. Mit dem Cidre ablöschen und den Bratensatz unter Rühren vom Pfannenboden lösen. Bei kleiner Hitze auf die Hälfte reduzieren.

3 Die Kochsahne unterrühren. Salzen und pfeffern. Die Schnitzel zufügen und erhitzen.

15 g
Butter

100 ml
herber Cidre

... und außerdem
Salz und Pfeffer

200 g
Kochsahne (15 %)

Hauptgerichte 200

KALBSSCHNITZEL
mit Gewürzkruste

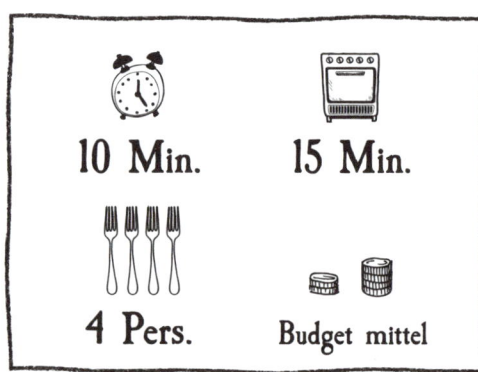

10 Min. 15 Min.
4 Pers. Budget mittel

1 Den Backofen auf 210 °C vorheizen. Die Schnitzel mit der Mayonnaise bestreichen. Die Gewürze auf einem Teller mischen und das Fleisch darin wenden.

2 Die Schnitzel salzen und pfeffern und auf ein mit Backpapier belegtes Backblech legen. 15 Minuten im Ofen garen.

Sie können auch eine fertige Gewürzmischung verwenden.

4

Kalbsschnitzel

2 EL

Mayonnaise

2 EL

gemahlener Kreuzkümmel

2 EL

Zimt

... und außerdem

Salz und Pfeffer

KALBSFILET
mit Zitrone

20 Min. | 45 Min.
4 Pers. | Budget mittel

IDEAL FÜR GÄSTE

1 Die Pilze in Scheiben schneiden. Die Schalotten hacken. Das Filet in 8 Scheiben schneiden.

2 Die Filetscheiben in einer Pfanne im heißen Öl von beiden Seiten anbräunen. Champignons, Schalotten und Kerbel zugeben und bei aufgesetztem Deckel 45 Minuten bei niedriger Hitze garen.

3 Inzwischen die Zitrone auspressen und den Saft mit der Crème fraîche verrühren. Kurz vor Ende der Garzeit in die Pfanne rühren.

1 Kalbsfilet

300 g Champignons

100 g Schalotten

200 g Crème fraîche

1 Zitrone

... und außerdem
1 EL Olivenöl
1 Stängel Kerbel

Hauptgerichte

KANINCHEN
in Senfsauce

15 Min. | 1 Std.
4 Pers. | Budget mittel

1 Die Kaninchenteile mit dem Senf bestreichen. In einem Bräter im heißen Öl rundum anbraten.

2 Knoblauchzehe und Schalotte hacken. Mit Weißwein, Lorbeerblatt und Thymian in einem Topf zum Kochen bringen.

3 Das Kaninchen mit dem Wein ablöschen. Salzen und pfeffern. Die Schalotte zum Kaninchen geben und 60 Minuten bei niedriger Hitze schmoren.

Bitten Sie Ihren Metzger, das Kaninchen für Sie küchenfertig vorzubereiten und zu zerlegen.

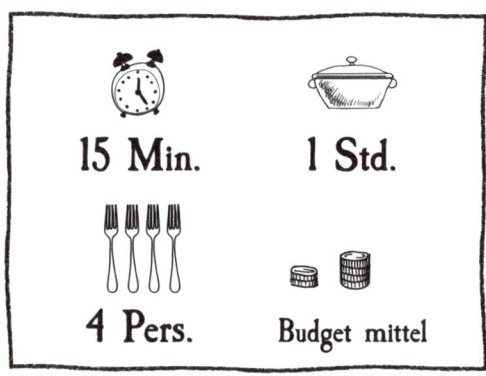

1
Kaninchen, zerlegt

3 EL
körniger Senf

500 ml
trockener Weißwein

1
Knoblauchzehe

1
Schalotte

... und außerdem

2 EL Olivenöl
1 Lorbeerblatt
1 Zweig Thymian
Salz und Pfeffer

KANINCHEN
mit Backpflaumen

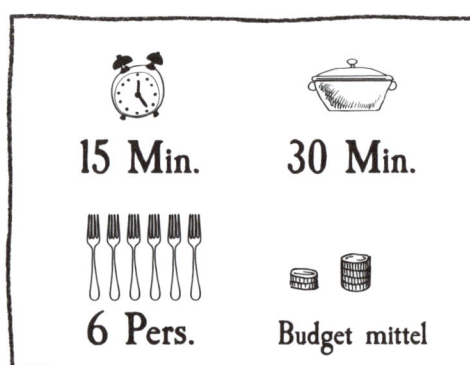

15 Min.   30 Min.
6 Pers.   Budget mittel

1 Zwiebel und Knoblauchzehen hacken. Die Kaninchenteile salzen und pfeffern und in einem großen Topf mit Zwiebel und Knoblauch im heißen Öl auf mittlerer Stufe rundum anbraten.

2 Backpflaumen, Rotwein, Rosmarin und 200 ml Wasser zugeben. Mit aufgesetztem Deckel 30 Minuten schmoren. Gegen Ende der Garzeit den Deckel wieder abnehmen, damit die Sauce etwas eindickt.

💡 *Geben Sie nach Belieben eine in Scheiben geschnittene Karotte und Champignons dazu.*

4
Kaninchenteile

300 g
Backpflaumen

1
Zwiebel

2
Knoblauchzehen

400 ml
Rotwein

... und außerdem

2 EL Olivenöl
1 Zweig Rosmarin
Salz und Pfeffer

KANINCHEN
in Weißwein

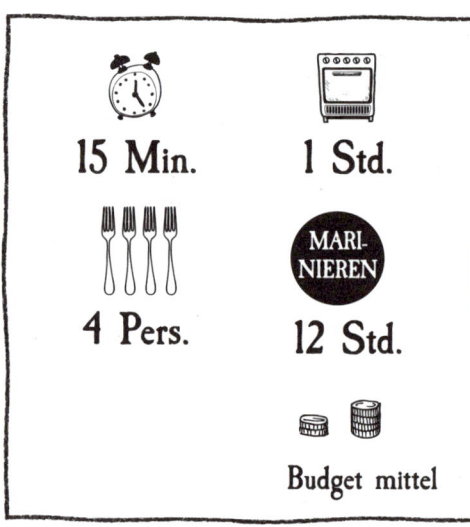

15 Min.
1 Std.
4 Pers.
MARINIEREN
12 Std.
Budget mittel

1
Kaninchen, zerlegt

150 g
Räucherspeck

750 ml
trockener Weißwein

1
Zwiebel

1 Die Zwiebel hacken. Das Kaninchen mit Weißwein, Zwiebel, Petersilie und Kerbelblättern in eine große Schüssel geben und über Nacht im Kühlschrank marinieren.

2 Den Backofen auf 180 °C vorheizen. Den Speck würfeln. Die Marinade durch ein Sieb in eine Schüssel gießen. Die Butter in einem Topf zerlassen, das Mehl einstreuen und hell anschwitzen. Nach und nach die Marinade einrühren.

3 Das Kaninchen mit den Speckwürfeln in eine Bratform geben. Mit der Weinsauce überziehen und 1 Stunde im Ofen garen.

 Bitten Sie Ihren Metzger, das Kaninchen für Sie küchenfertig vorzubereiten und zu zerlegen.

50 g
Butter

... und außerdem

1 Stängel Petersilie
1 Zweig Kerbel
2 EL Weizenmehl

Hauptgerichte 210

SCHWEINEBRATEN
mit Aprikosen

5 Min. | 1 Std. 30 Min.
4 Pers. | MARINIEREN 12 Std.
IDEAL FÜR GÄSTE | Budget mittel

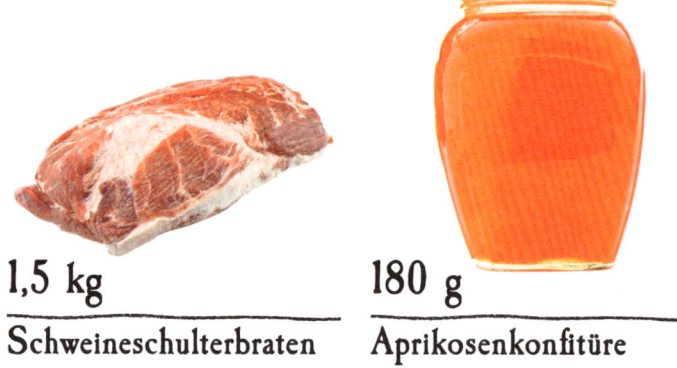

1,5 kg Schweineschulterbraten

180 g Aprikosenkonfitüre

200 ml Kokosmilch

1 TL Chilipulver oder Piment d'Espelette

1 Den Schweinebraten mit den restlichen Zutaten in einen großen Gefrierbeutel geben. Den Beutel verschließen und den Inhalt durchkneten, damit sich die Zutaten gut verteilen. Im Kühlschrank 12 Stunden marinieren.

2 Den Backofen auf 180 °C vorheizen. Das Fleisch samt Marinade in eine Bratform geben und 1,5 Stunden im Ofen braten. Das Fleisch dabei regelmäßig übergießen.

Zum Schweinebraten passen wunderbar Butterkarotten.

SCHWEINEKOTELETTS
mit Honig

10 Min. | 15 Min.
4 Pers. | MARINIEREN 2–3 Std.
Budget mini

4 Schweinekoteletts

5 EL Honig

2 EL Sojasauce

1 Die Sojasauce mit 3 Esslöffeln Honig glatt rühren. Die Koteletts damit bestreichen und auf einem Teller 2–3 Stunden marinieren.

2 Die Koteletts in einer Pfanne mit der Marinade braten. Nach der Hälfte der Garzeit den restlichen Honig zugeben und karamellisieren lassen.

Bitten Sie Ihren Metzger um Koteletts aus dem vorderen Kotelettstrang. Das Rezept kann unter dem Backofengrill auch mit magereren Kotelettstücken zubereitet werden. Legen Sie sie auf den Rost und schieben Sie die Fettpfanne darunter.

Hauptgerichte 214

SCHWEINEFILET
mit Roquefort

15 Min. 30 Min.
4 Pers. Budget mittel

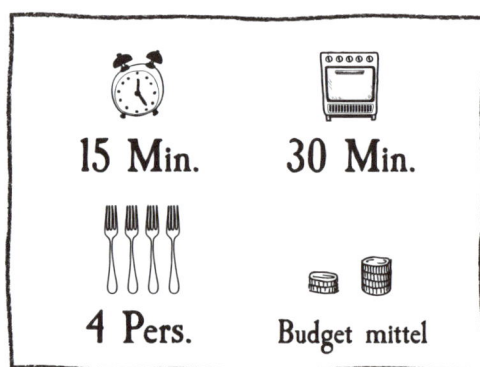

600 g
Schweinefilet

150 g
Roquefort

1 Den Backofen auf 210 °C vorheizen. Das Filet in einer Antihaft-Pfanne rundum anbraten. Auf ein großes Stück Alufolie legen.

2 Den Roquefort mit einer Gabel zerdrücken und mit Crème fraîche und Senf verrühren. Das Filet damit bestreichen. Salzen und pfeffern und in die Alufolie einschlagen.

3 Das Filet in eine Bratform legen und 30 Minuten im Ofen garen.

💡 *Bestreuen Sie das Filet vor dem Garen mit gerösteten Mandelblättchen.*

3 EL
Crème fraîche

1 TL
Senf

... und außerdem

Salz und Pfeffer

Hauptgerichte

SCHWEINEBRATEN
mit Honig

10 Min. | 1 Std. | 4 Pers. | Budget mini

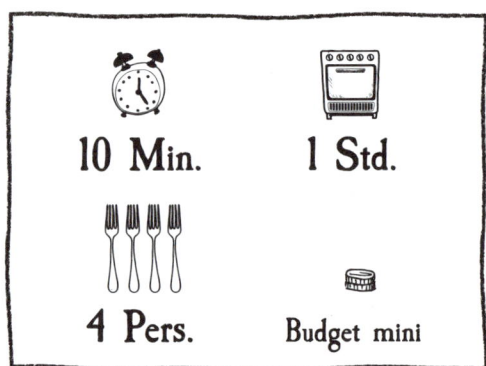

1 Den Backofen auf 210 °C vorheizen. Die Knoblauchzehen in Scheiben schneiden und den Braten damit spicken. Mit dem Honig bestreichen und mit Paprikapulver, Salz und Pfeffer würzen.

2 Den Wein mit 80 ml Wasser in einem Bräter mischen. Den Braten hineinsetzen und bei aufgesetztem Deckel 1 Stunde im Ofen braten. Dabei regelmäßig übergießen.

1 kg
Schweinerollbraten

4 EL
Honig

3
Knoblauchzehen

80 ml
trockener Weißwein

1 TL
Paprikapulver

... und außerdem
Salz und Pfeffer

Hauptgerichte 218

SCHWEINEFILET
mit Süßkartoffelpüree

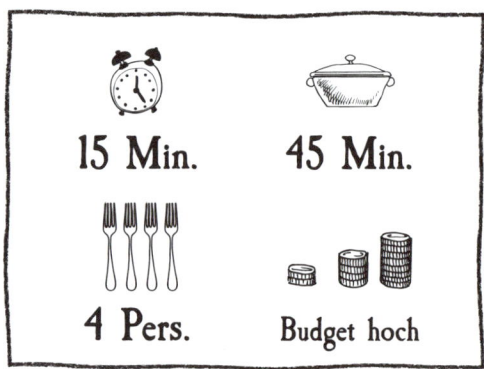

15 Min.   45 Min.
4 Pers.   Budget hoch

1 Die Knoblauchzehen in Scheiben schneiden und das Filet damit spicken. Die Zwiebel hacken. Das Filet mit Senf einreiben, mit der Zwiebel in einer Pfanne im heißen Öl anbraten und weitere 30 Minuten mit dem Bouquet garni unter regelmäßigem Wenden braten.

2 Mit dem Wein ablöschen. Bei Bedarf noch etwas Wasser zugießen.

3 Inzwischen Kartoffeln und Süßkartoffel würfeln und 15 Minuten in Wasser gar kochen. Das Wasser abgießen und die Kartoffeln zerstampfen. Die Milch lauwarm erhitzen und zusammen mit der Butter unter das Püree rühren. Zum Filet reichen.

1
Schweinefilet

1 kg
Kartoffeln

1
Süßkartoffel

2
Knoblauchzehen

2 EL
Senf

... und außerdem

1 Zwiebel
1 Bouquet garni
200 ml Weißwein
20 g Butter
200 ml Milch
2 EL Olivenöl
Salz und Pfeffer

SCHWEINEBRATEN
mit eingelegten Zitronen

⏰ 10 Min. 🔥 1 Std.
🍴 4 Pers. Budget mini

IDEAL FÜR GÄSTE

1 kg
Schweinerollbraten

1
Bio-Zitrone

3
eingelegte Zitronen

1 Zweig
Rosmarin

... und außerdem
Salz und Pfeffer

1 Den Backofen auf 210 °C vorheizen. Die Zitronenschale fein abreiben und den Saft auspressen. Den Braten in einen Bräter legen. Mit dem Zitronensaft beträufeln und mit dem Abrieb bestreuen.

2 Die eingelegten Zitronen halbieren und mit den Rosmarinnadeln um den Schweinebraten verteilen. 1 Stunde im Ofen braten.

💡 *Der Braten kann am Vorabend zubereitet und vor dem Servieren aufgewärmt werden. In Salz eingelegte Zitronen finden Sie im Feinkosthandel, in orientalischen Lebensmittelgeschäften oder gut sortierten Supermärkten.*

Hauptgerichte

SCHWEINEFLEISCH
mit Piment

⏰ 10 Min. 🍲 1 Std. 15 Min.
🍴🍴🍴🍴 4 Pers. Budget mini

800 g
Schweinebraten aus der Keule

3 TL
Quatre Épices

300 g
Zwiebeln

2 EL
Olivenöl

... und außerdem
Salz und Pfeffer

1 Das Fleisch in große Stücke teilen und in einem Schmortopf im heißen Öl 10 Minuten braten. Inzwischen die Zwiebeln hacken und zusammen mit dem Gewürz zum Fleisch geben. Weitere 5 Minuten garen.

2 ½ Liter heißes Wasser zugießen. Salzen und pfeffern. Den Deckel aufsetzen und den Braten 1 Stunde bei niedriger Hitze schmoren.

💡 *Für das Gewürz Quatre Épices mischen Sie schwarzen und weißen Pfeffer mit Muskatnuss, Piment, Ingwer und Nelken.*

Hauptgerichte

BOHNENEINTOPF
auf französische Art

10 Min.   8 Min.

4 Pers.   Budget mini

1 Speckwürfel und Bratwürste in einer großen Pfanne braten.

2 Die restlichen Zutaten untermischen und 5 Minuten bei aufgesetztem Deckel köcheln lassen.

💡 *Dieses Eintopfgericht aus dem Südwesten Frankreichs wird Cassoulet genannt. Ein Bouquet garni ist ein Kräutersträußchen, meist aus frischem Lorbeerblatt, Thymian und Petersilie.*

400 g
weiße Bohnen (Dose)

100 g
Speckwürfel

4
grobe rohe Schweinebratwürste

400 g
passierte Tomaten

1
Bouquet garni

SCHINKEN
mit Ananas

10 Min. 10 Min.

4 Pers. Budget mini

1 Den Backofengrill vorheizen. Die Ananas in Stücke schneiden. Die Butter in einer Pfanne zerlassen und die Ananas darin anbraten. Mit Salz, Pfeffer und Chilipulver würzen. Den Rum in einem kleinen Topf erhitzen und über die Ananas gießen. Vom Herd nehmen und flambieren.

2 Den Schinken 5 Minuten grillen. Mit den Ananasstücken servieren.

Die Schinkenscheiben sollten etwa 2 cm dick sein. Sie können auch Ananasringe aus der Dose verwenden.

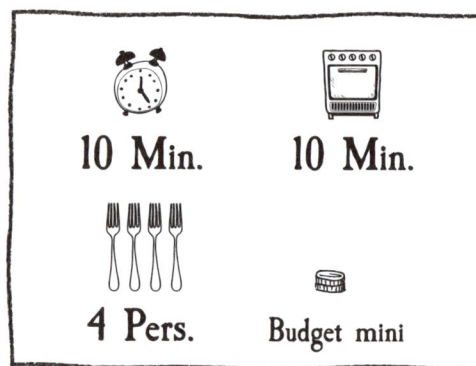

4 dicke Scheiben gekochter Schinken

1 Ananas

50 g Butter

50 ml Rum

1 Prise Chilipulver

... und außerdem

Salz und Pfeffer

Hauptgerichte

LAMMSCHULTER
mit Knoblauch

10 Min. | 40 Min.
4 Pers. | Budget hoch

IDEAL FÜR GÄSTE

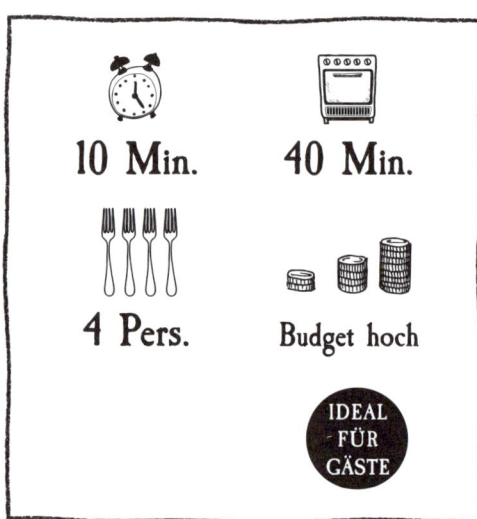
1,3 kg
Lammschulter

15
Knoblauchzehen

30 g
Butter

2
Lorbeerblätter

... und außerdem

Salz und Pfeffer

1 Den Backofen auf 180 °C vorheizen. Die Lammschulter salzen und pfeffern. In eine Bratform geben. Die Butter in Stückchen darauf verteilen und die Lorbeerblätter zugeben. Die Knoblauchzehen mit Schale ringsum verteilen.

2 200 ml Wasser zugießen und das Fleisch 40 Minuten im Ofen braten. Dabei regelmäßig übergießen.

3 Den Ofen ausschalten. Den Bräter mit Alufolie abdecken und das Fleisch etwa 10 Minuten im Ofen ruhen lassen.

Hauptgerichte

LAMMSCHULTER
in Orangensauce

15 Min.
4 Pers.
2 Std. 30 Min.
Budget hoch
IDEAL FÜR GÄSTE

1 Zwiebel und Knoblauch hacken. In einem Schmortopf im heißen Öl anbraten. Das Fleisch zugeben und mitbraten. Mit dem Orangensaft ablöschen. Den Brühwürfel zugeben.

2 Bei aufgesetztem Deckel 2½ Stunden bei niedriger Hitze schmoren, bis das Fleisch zart ist. Gegen Ende der Garzeit den Deckel abnehmen, damit die Sauce einkocht.

3 Vor dem Servieren mit den Cashewkernen bestreuen.

1 Lammschulter

1 l Orangensaft

1 Zwiebel

2 Knoblauchzehen

1 Würfel Gemüsebrühe

100 g Cashewkerne

Hauptgerichte 232

LAMMKOTELETTS
mit Schinken

10 Min. | 6 Min.
4 Pers. | Budget hoch

1 Den Knoblauch zerdrücken. Mit den abgezupften Rosmarinnadeln und gehacktem Salbei mischen.

2 Die Schinkenscheiben in einer Antihaft-Pfanne 1 Minute von jeder Seite braten. Auf einen Teller geben.

3 Die Koteletts in die Pfanne legen. Die Kräutermischung darauf verteilen. Salzen und pfeffern und 5 Minuten braten. Vor dem Servieren mit den Schinkenscheiben belegen.

8
Lammkoteletts

8 Scheiben
Lachsschinken

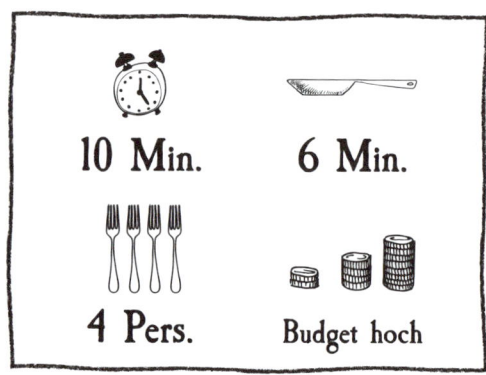

1
Knoblauchzehe

1 Zweig
Rosmarin

8
Salbeiblätter

... und außerdem
Salz und Pfeffer

Hauptgerichte 234

LAMMKOTELETTS
mit Ziegenkäse

- 10 Min.
- 5 Min.
- 4 Pers.
- Budget mittel
- IDEAL FÜR GÄSTE

1 Den gehackten Salbei mit dem Ziegenkäse in einem tiefen Teller zerdrücken. Die Lammkoteletts mit dem Honig bestreichen und in der Käsemischung wenden.

2 Die Koteletts salzen und pfeffern und in einer Pfanne etwa 5 Minuten im heißen Öl braten.

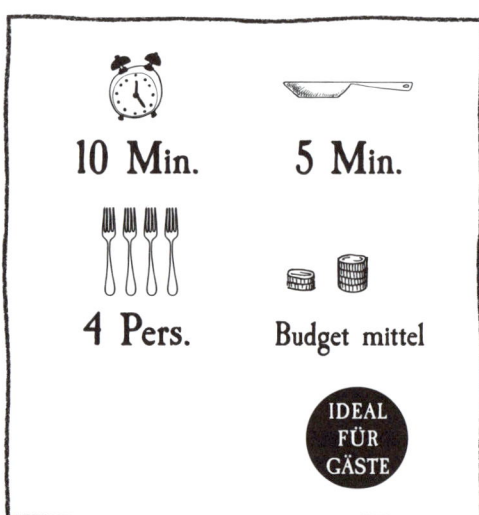

8 Lammkoteletts

60 g Ziegenweichkäse

8 Salbeiblätter

1 EL Honig

1 EL Olivenöl

... und außerdem
Salz und Pfeffer

LAMMFLEISCH
in Quarksauce

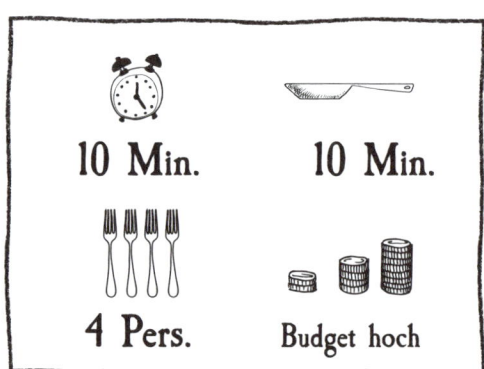

10 Min.   10 Min.
4 Pers.   Budget hoch

1 Den Quark mit Schnittlauch und Paprikapulver in einer Schüssel glatt rühren. Salzen und pfeffern.

2 Die Lammschulter in Würfel schneiden. Die Zwiebel hacken. Beides zusammen in einer tiefen Pfanne im heißen Olivenöl 10 Minuten unter Rühren braten.

3 Die Quarkmischung unterrühren und einige weitere Minuten bei niedriger Hitze garen.

💡 Bitten Sie Ihren Metzger, die Lammschulter für Sie zu würfeln. Alternativ können Sie auch Fleisch aus der Keule verwenden.

500 g Lammschulter

200 g Speisequark (20 %)

4 EL Schnittlauchröllchen

2 Msp. Paprikapulver

1 Zwiebel

... und außerdem
1 EL Olivenöl
Salz und Pfeffer

LAMMSPIESSE
mit getrockneten Aprikosen

- 15 Min.
- 15 Min.
- 4 Pers.
- Budget hoch
- IDEAL FÜR GÄSTE

4 Scheiben Lammkeule

8 getrocknete Aprikosen

3 EL Ras el Hanout (s. S. 146)

2 EL Olivenöl

1 Den Backofen auf 200 °C vorheizen. Das Fleisch in Würfel schneiden und erst im Öl, dann im Ras el Hanout wenden.

2 Die Aprikosen einige Minuten in einer Schale warmem Wasser einweichen, dann halbieren.

3 Die Fleischwürfel abwechselnd mit den Aprikosen auf Metallspieße stecken. 15 Minuten im Ofen garen. Dabei nach der Hälfte der Garzeit wenden.

LACHSPÄCKCHEN
mit Fenchel

⏰ 10 Min.   🔥 28 Min.
🍴 4 Pers.   💰 Budget mittel

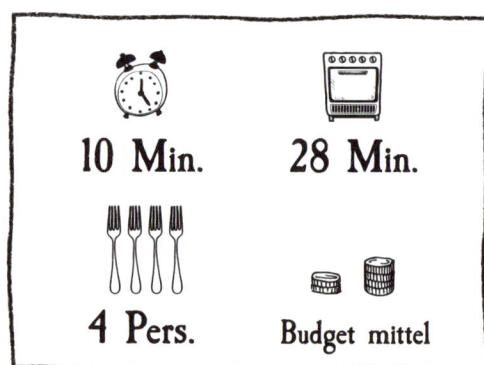

4
Lachssteaks

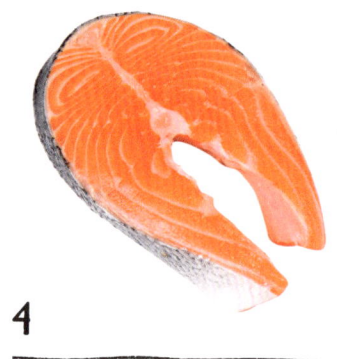

4 Knollen
Fenchel

1
Bio-Limette

... und außerdem
Salz und Pfeffer

1 Die Fenchelknollen in Scheiben schneiden und 10 Minuten dämpfen. Vier große rechteckige Stücke Backpapier vorbereiten und den Fenchel darauf verteilen.

2 Den Backofen auf 210 °C vorheizen. Die Lachssteaks auf die Fenchelscheiben legen. Salzen und pfeffern. Die Limettenschale fein abreiben und den Saft auspressen. Den Lachs mit dem Limettensaft beträufeln und mit etwas Abrieb bestreuen.

3 Die Backpapierstücke zu Päckchen formen und den Lachs etwa 20 Minuten im Ofen garen.

💡 *Servieren Sie Salzkartoffeln dazu.*

Hauptgerichte

MARINIERTER LACHS
in Orangensaft

- 10 Min.
- 20 Min.
- 4 Pers.
- MARINIEREN 5 Std.
- IDEAL FÜR GÄSTE
- Budget mittel

1 Den Ingwer mit Orangensaft, Sojasauce und Ahornsirup in einer Auflaufform verrühren.

2 Die Lachsstücke in die Form legen und mindestens 5 Stunden im Kühlschrank marinieren. Von Zeit zu Zeit wenden. Den Backofen auf 210 °C vorheizen.

3 Den Lachs 20 Minuten im Ofen garen. Den Schnittlauch hacken und über den Lachs streuen.

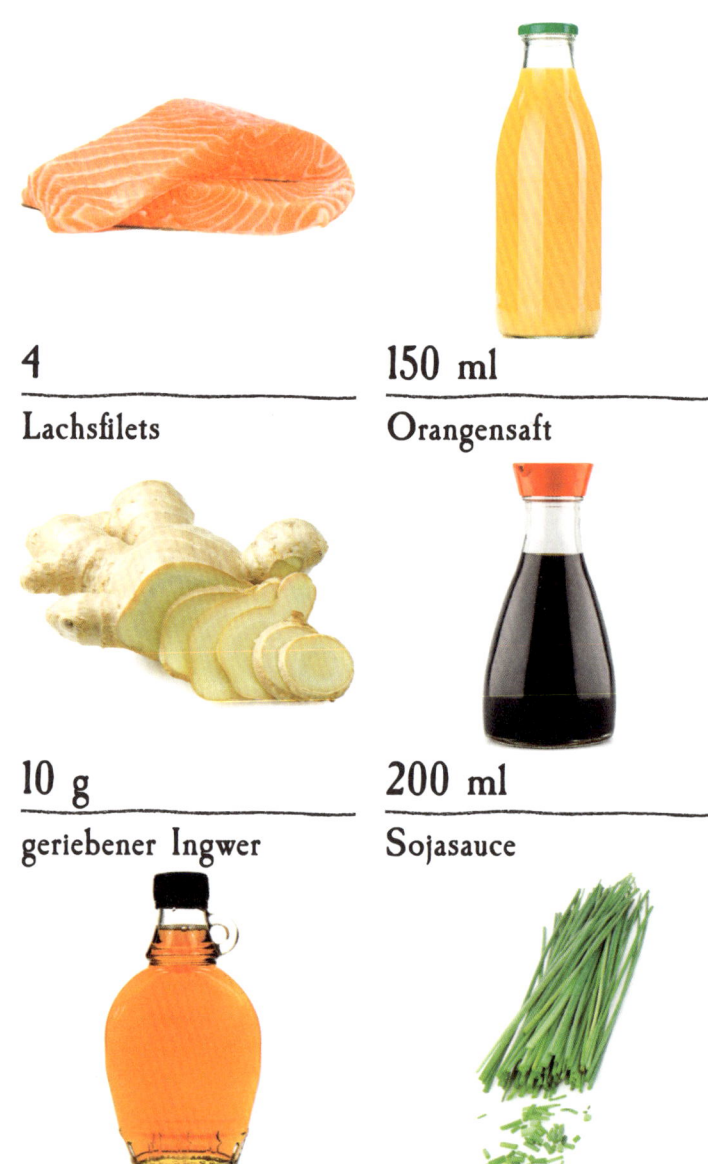

- 4 Lachsfilets
- 150 ml Orangensaft
- 10 g geriebener Ingwer
- 200 ml Sojasauce
- 5 EL Ahornsirup
- 1 Bund Schnittlauch

Hauptgerichte 244

LACHS
mit Kräuterkruste

10 Min. — 15 Min.
4 Pers. — Budget mittel

1 Den Backofen auf 210 °C vorheizen. Die Knoblauchzehen zerdrücken. Die Zitrone auspressen und den Saft in einer Schüssel mit Kräutern, Semmelbröseln und Knoblauch vermengen.

2 Die Lachsstücke in eine flache Auflaufform legen. Salzen und pfeffern. Mit der Kräutermischung bedecken. Etwa 15 Minuten im Ofen garen.

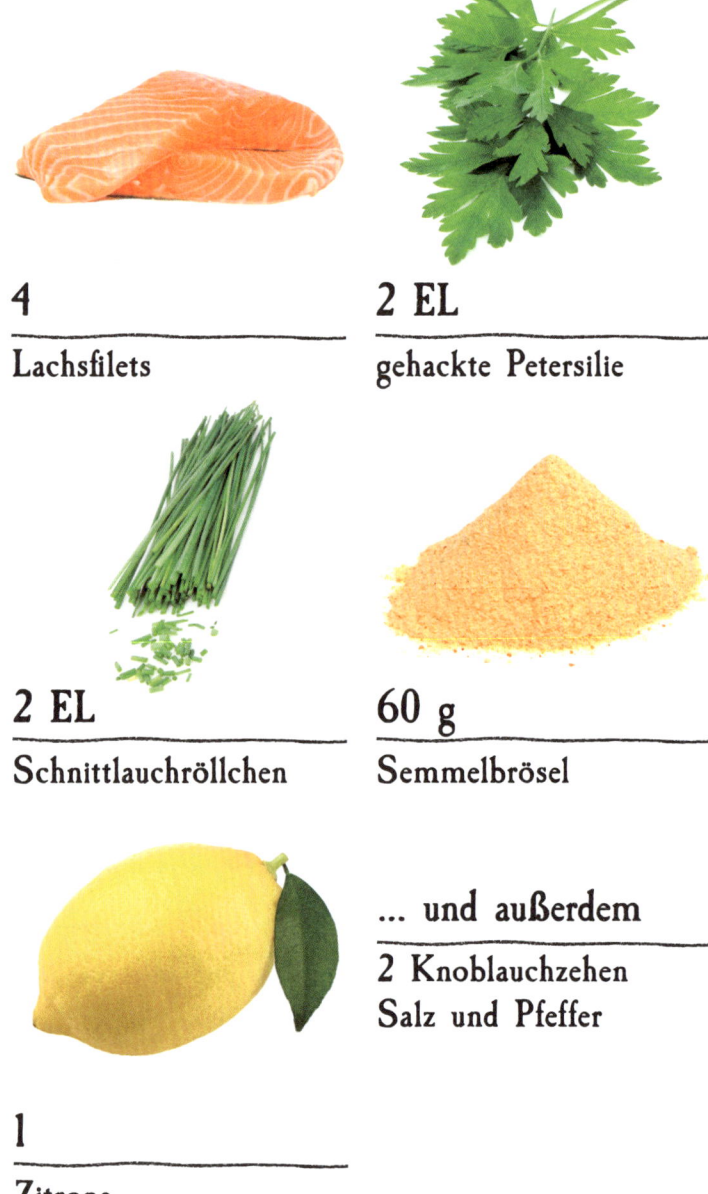

4
Lachsfilets

2 EL
gehackte Petersilie

2 EL
Schnittlauchröllchen

60 g
Semmelbrösel

1
Zitrone

... und außerdem
2 Knoblauchzehen
Salz und Pfeffer

KABELJAU
mit Rauchfleisch

10 Min. 10 Min.
4 Pers. Budget mittel

4
Kabeljaufilets

8 Scheiben
Rauchfleisch

4 TL
Tomatensauce

1 TL
Chilipulver oder
Piment d'Espelette

1 Den Kabeljau etwa 10 Minuten dampfgaren. Die Rauchfleischscheiben ohne Fettzugabe in einer Antihaft-Pfanne braten.

2 Je 1 Fischfilet auf 1 Rauchfleischscheibe legen. Mit je 1 Teelöffel Tomatensauce bestreichen. Mit Chilipulver würzen und mit 1 weiteren Rauchfleischscheibe bedecken.

Hauptgerichte

SEELACHSRÖLLCHEN
mit Parmaschinken

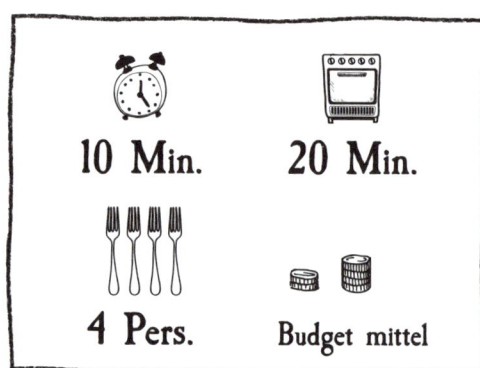

10 Min.   20 Min.

4 Pers.   Budget mittel

1 Den Backofen auf 180 °C vorheizen. Die Fischfilets salzen und pfeffern. Mit je 1 Scheibe Parmaschinken belegen und aufrollen.

2 Die Röllchen in eine Bratform legen. Mit dem Thymian bestreuen und 30 Minuten im Ofen garen.

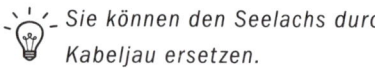Sie können den Seelachs durch Kabeljau ersetzen.

4
Seelachsfilets

4 Scheiben
Parmaschinken

... und außerdem
Salz und Pfeffer

1 EL
Thymianblätter

Hauptgerichte 250

SEELACHS
mit Karotten und Zitrone

15 Min. 35 Min.
4 Pers. Budget mini
WENIG KALORIEN

1 Die Karotten in Scheiben schneiden. In einem Topf Wasser 20 Minuten gar kochen.

2 Den Backofen auf 180 °C vorheizen. Die Fischfilets in eine Bratform legen. Die Zitrone auspressen und den Saft mit dem Weißwein über die Fischfilets gießen. Die Schalotten hacken und ebenfalls in die Form geben. Die Karottenscheiben schuppenförmig auf dem Fisch anordnen.

3 Mit den Thymianblättern bestreuen. Salzen und pfeffern. 15 Minuten im Ofen garen.

4
Seelachsfilets

2
Karotten

100 ml
trockener Weißwein

1
Zitrone

… und außerdem

1 Zweig Thymian
Salz und Pfeffer

2
Schalotten

Hauptgerichte

SEETEUFEL
mit Cidre

10 Min.   15 Min.
4 Pers.   Budget mittel

1 Die Schalotte hacken. Den Apfel würfeln. Den Fisch in einer Pfanne 5 Minuten von jeder Seite im heißen Öl braten. Salzen und pfeffern. Auf einen Teller heben.

2 Nun die Schalotte in der Pfanne dünsten. Mit dem Cidre ablöschen. Die Apfelwürfel zugeben und 5 Minuten bei niedriger Hitze einköcheln lassen.

3 Currypulver und Sahne unterrühren. Den Fisch wieder in die Pfanne geben. Mit Salz und Pfeffer abschmecken und 5 Minuten bei niedriger Hitze garen.

600 g
Seeteufelbäckchen

1
Schalotte

200 ml
herber Cidre

½
Apfel

1 EL
Currypulver

... und außerdem

1 EL Olivenöl
100 g Sahne
Salz und Pfeffer

Hauptgerichte 254

SEETEUFEL MIT SAFRAN
auf spanische Art

10 Min.   15–20 Min.
4 Pers.   Budget mittel

IDEAL FÜR GÄSTE

850 g
Seeteufelschwanz

100 ml
trockener Weißwein

20
Miesmuscheln

4 Scheiben
Chorizo

1 Msp.
Safran

... und außerdem
2 EL Fischfond
Salz und Pfeffer

1 Den Wein in einem großen Topf zum Kochen bringen. Muscheln und Seeteufel mit Safran und Fischfond zufügen. Salzen und pfeffern und 10 Minuten garen.

2 Inzwischen die Chorizo würfeln. Den Fisch aus dem Topf nehmen, die Chorizowürfel hineingeben und weitere 5–10 Minuten köcheln lassen. Den Fisch mit Muscheln und Chorizo in Teller geben und mit der Sauce überziehen.

💡 *Damit es schneller geht, können Sie ausgelöste TK-Muscheln verwenden.*

SEETEUFEL
mit Avocado

10 Min. 20 Min.
4 Pers. Budget mittel

1 Das Avocadofleisch mit dem ausgepressten Saft der Zitrone und der Sojasauce glatt pürieren.

2 Den Seeteufel in einer großen Pfanne etwa 15 Minuten im heißen Öl unter regelmäßigem Wenden braten. Mit Pfeffer würzen.

3 Wein und Avocado in die Pfanne geben und verrühren. Bei niedriger Hitze lauwarm werden lassen und den Fisch mit der Sauce überziehen.

500 g
Seeteufelschwanz

3
Avocados

1
Zitrone

200 ml
Sojasauce

100 ml
trockener Weißwein

... und außerdem

1 EL Olivenöl
Pfeffer

Hauptgerichte

FORELLE
mit Mandeln

10 Min. 25 Min.

4 Pers. Budget mittel

IDEAL FÜR GÄSTE

1 Die Butter in einer großen Pfanne zerlassen und die Forellen darin von jeder Seite 5 Minuten braten. Salzen und pfeffern. Mit der Petersilie bestreuen.

2 Bei aufgesetztem Pfannendeckel weitere 15 Minuten bei niedriger Hitze garen. Inzwischen in einer zweiten Pfanne die Mandelblättchen ohne Fettzugabe 2 Minuten unter Rühren und Wenden rösten. Auf den Forellen verteilen.

Bitten Sie den Fischhändler, die Forellen auszunehmen.

4 küchenfertige Forellen

4 EL Mandelblättchen

30 g Butter

1 EL gehackte Petersilie

... und außerdem
Salz und Pfeffer

Hauptgerichte 260

DORADE
in der Salzkruste

- 15 Min.
- 30 Min.
- 4 Pers.
- Budget mittel

1 Den Backofen auf 210 °C vorheizen. Das Salz mit Tomatenmark und Eiweißen vermengen. Die Kräuter untermischen und die Hälfte davon auf einem Backblech verteilen.

2 Die Doraden darauflegen und die Zitronenscheiben darauf verteilen. Mit der restlichen Salzmischung bedecken. Etwa 30 Minuten im Ofen garen.

Entfernen Sie vor dem Servieren die Salzkruste. Aber Achtung, dabei tritt heißer Dampf aus!

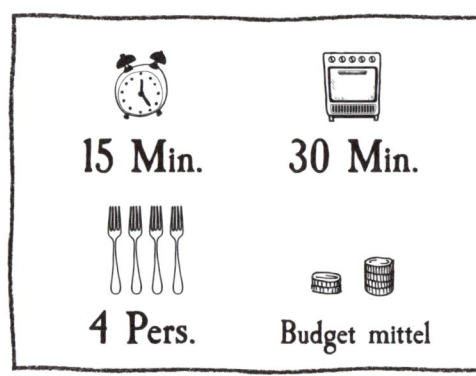

3 Doraden, küchenfertig

800 g grobes Salz

2 EL Tomatenmark

2 Eiweiß

1 TL Kräuter der Provence

3 Scheiben Bio-Zitrone

Hauptgerichte

SEEZUNGE
mit Artischocken

10 Min. | 15 Min.
4 Pers. | Budget hoch

IDEAL FÜR GÄSTE

1 Die Seezungenfilets aufrollen, mit Küchengarn binden und 5 Minuten dampfgaren.

2 Den Knoblauch zerdrücken. Zusammen mit den Artischockenherzen in einer Pfanne im heißen Olivenöl dünsten. Salzen und pfeffern und weitere 8 Minuten garen.

3 Die Zitrone auspressen und den Saft mit der Sahne in die Pfanne gießen. Kurz rühren und die Seezungenröllchen hineinsetzen.

💡 Verwenden Sie TK-Artischockenherzen.

4
Seezungenfilets

1 kg
Artischockenherzen

1
Zitrone

100 g
Kochsahne (15 % Fett)

1
Knoblauchzehe

... und außerdem
1 EL Olivenöl
Salz und Pfeffer

Hauptgerichte 264

ROTBARBE
mit Schinken

- 10 Min.
- 8 Min.
- 4 Pers.
- Budget mittel
- IDEAL FÜR GÄSTE

1 Den Backofen auf 210 °C vorheizen. Die Filets in je 1 Schinkenscheibe einwickeln und auf ein mit Alufolie belegtes Backblech legen.

2 Mit dem Parmesan bestreuen. Salzen und pfeffern. Die Thymianblättchen abzupfen und über den Fisch streuen. 8 Minuten im Ofen garen.

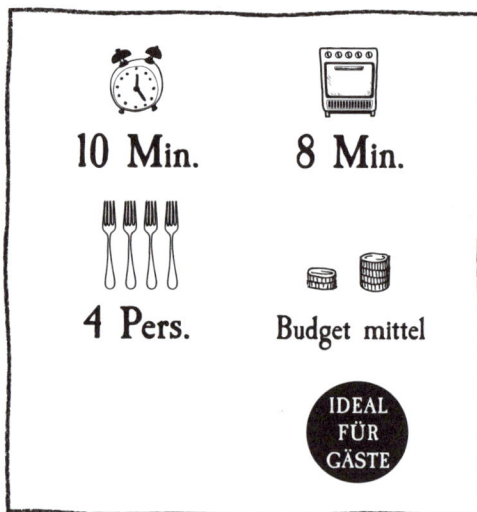

12 Rotbarbenfilets

12 Scheiben Lachsschinken

2 EL geriebener Parmesan

1 Zweig Thymian

... und außerdem Salz und Pfeffer

Hauptgerichte 266

ROTBARBEN
mit Basilikum

10 Min. 15 Min.
4 Pers. Budget mittel

IDEAL FÜR GÄSTE

8
küchenfertige Rotbarben

8 EL
Tapenade (s. S. 34)

1 Bund
Basilikum

2 EL
Olivenöl

... und außerdem

Salz und Pfeffer

1 Den Backofen auf 150 °C vorheizen. Die Rotbarben mit je 1 Esslöffel Tapenade füllen und in eine große Auflaufform legen.

2 Mit den Basilikumblättern bestreuen. Mit dem Öl beträufeln. Salzen und pfeffern. Etwa 15 Minuten im Ofen garen.

💡 Bitten Sie Ihren Fischhändler, die Rotbarben für Sie auszunehmen.

Hauptgerichte

SARDINEN
mit Kräuterfüllung

10 Min. | 6 Min.
4 Pers. | Budget mini

1 Den Backofengrill vorheizen. Die Pinienkerne in einer Pfanne ohne Fettzugabe rösten. In einer Schüssel mit Kräutern, Zitronensaft, Salz, Pfeffer und Öl vermengen.

2 Die Sardinen mit dieser Mischung füllen und die Bauchöffnung mit Holzspießchen schließen. 6 Minuten unter Wenden im Ofen grillen.

💡 *Bitten Sie Ihren Fischhändler, die Sardinen für Sie auszunehmen. Noch besser schmeckt die Füllung, wenn Sie 2 Esslöffel Ricotta mit einarbeiten.*

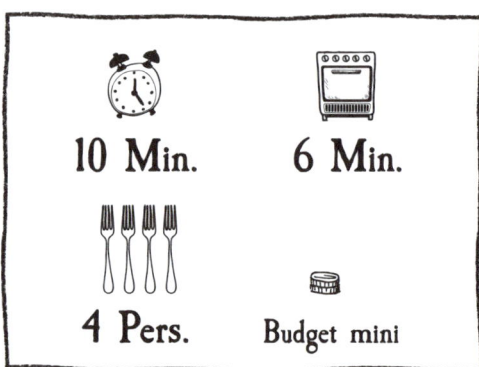
8
küchenfertige Sardinen

4 EL
gehacktes Basilikum

4 EL
gehackte Petersilie

2 EL
Pinienkerne

2 EL
Zitronensaft

1 EL
Olivenöl

Hauptgerichte

CURRY-GARNELEN
in Kokossauce

10 Min. — 7–10 Min. — 4 Pers. — Budget hoch — IDEAL FÜR GÄSTE — WENIG KALORIEN

1 Die Garnelen in einer tiefen Pfanne im heißen Öl anbraten. Kokosmilch und Gewürze zufügen. Salzen und pfeffern.

2 Bei mittlerer Hitze 7–10 Minuten garen, bis die Kokosmilch schön gelb eingefärbt ist. Mit dem gehackten Koriander bestreuen.

Geben Sie nach Geschmack mehr oder weniger Currypulver hinzu.

30
Garnelen, küchenfertig

400 ml
Kokosmilch

2 EL
Olivenöl

1–2 TL
Currypulver

1–2 TL
Kurkuma

... und außerdem
1 Stängel Koriander
Salz und Pfeffer

Hauptgerichte 272

JAKOBSMUSCHEL-
Garnelen-Pfanne

10 Min.   5 Min.

4 Pers.   Budget hoch

IDEAL FÜR GÄSTE

1 Den Knoblauch hacken. Die Butter mit dem Olivenöl in einer großen Pfanne zerlassen und den Knoblauch darin kurz anbraten. Jakobsmuscheln und Garnelen zugeben. Salzen und pfeffern und 5 Minuten bei relativ starker Hitze braten.

2 Inzwischen den Schnittlauch hacken. Die Jakobsmuscheln wenden. Mit dem Schnittlauch bestreuen.

 Servieren Sie dazu Reis und Brokkoli.

20
Jakobsmuscheln

25
ausgelöste Garnelen

1
Knoblauchzehe

2 Halme
Schnittlauch

20 g
Butter

... und außerdem

1 EL Olivenöl
Salz und Pfeffer

Hauptgerichte 274

GARNELEN
mit Whisky

5 Min. | 10 Min.
4 Pers. | Budget hoch

1 Den Knoblauch fein hacken. Mit Kräutern, Olivenöl, Whisky und 1 Esslöffel Wasser verrühren, bis die Mischung glatt ist. Salzen und pfeffern.

2 In einer Pfanne über die Garnelen gießen und bei mittlerer Hitze 10 Minuten unter regelmäßigem Rühren garen.

💡 Sie können auch Scampi verwenden und den Whisky durch Cognac ersetzen.

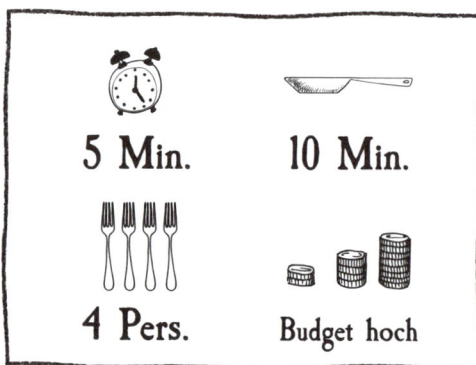
800 g
Garnelen, küchenfertig oder mit Schale

2
Knoblauchzehen

2 EL
Kräuter der Provence

2 EL
Olivenöl

... und außerdem
Salz und Pfeffer

3 TL
Whisky

Hauptgerichte 276

JAKOBSMUSCHELN
in Whiskysahne

10 Min. 5 Min.
4 Pers. Budget hoch

IDEAL FÜR GÄSTE

12
Jakobsmuscheln

2 EL
Whisky

10 g
Butter

100 g
Kochsahne (15 %)

1 EL
gehackte Petersilie

... und außerdem
Salz und Pfeffer

1 Die Butter in einer großen Pfanne zerlassen. Die Jakobsmuscheln darin 2 Minuten von jeder Seite braten. Den Whisky zugeben. Die Pfanne vom Herd nehmen und die Muscheln flambieren.

2 Kochsahne und Petersilie zufügen. Salzen und pfeffern. Unter Rühren 1 Minute bei niedrigster Hitze garen.

Hauptgerichte

JAKOBSMUSCHELN
mit Champignon-Rahmsauce

10 Min. 8 Min.
4 Pers. Budget hoch

12
Jakobsmuscheln

12
Garnelen, küchenfertig

1 Crème fraîche und Eigelbe in einer Schale verrühren.

2 Die Pilze in Scheiben schneiden. Die Schalotten hacken. In einer Pfanne in der heißen Butter anbraten. Die Jakobsmuscheln zugeben und 2 Minuten von jeder Seite braten. Die Garnelen zugeben.

3 Mit dem Saft der Zitrone, Fischfond und Wein ablöschen und rühren. Salzen und pfeffern und zum Kochen bringen. Die Crème-fraîche-Mischung zugeben und rühren, bis die Sauce eingedickt ist.

60 g
Champignons

2
Schalotten

50 g
Crème fraîche

... und außerdem

½ Zitrone
2 Eigelb
20 g Butter
100 ml Fischfond
100 ml trockener
 Weißwein
Salz und Pfeffer

TINTENFISCH
mit Tomaten und Weißwein

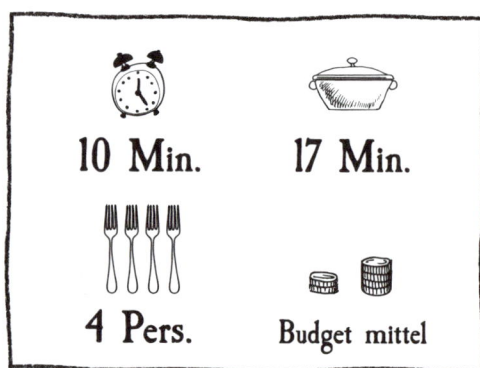

10 Min.   17 Min.

4 Pers.   Budget mittel

500 g

Tintenfischringe

500 g

passierte Tomaten

1 Zwiebeln und Knoblauch fein hacken. In einer tiefen Pfanne im heißen Olivenöl anbraten. Die Tintenfischringe zugeben und 2 Minuten unter Rühren braten.

2 Weißwein, passierte Tomaten und Safran zugeben. Salzen und pfeffern. Etwa 15 Minuten bei niedriger Hitze köcheln lassen.

100 ml

trockener Weißwein

2

Zwiebeln

1

Knoblauchzehe

... und außerdem

2 EL Olivenöl
1 Döschen Safran
Salz und Pfeffer

Hauptgerichte

TINTENFISCHRINGE
in Tomatensauce

- 15 Min.
- 10 Min.
- 4 Pers.
- MARINIEREN 20 Min.
- WENIG KALORIEN
- Budget mittel

1 Die Tomaten würfeln. Die Zitrone auspressen. Den Knoblauch zerdrücken. Alles mit Tintenfischringen und Chilipulver in einer Schüssel vermengen. Salzen und pfeffern. Im Kühlschrank abgedeckt 20 Minuten ziehen lassen.

2 Das Öl in einer Pfanne erhitzen. Die Tintenfischringe samt Marinade darin etwa 10 Minuten unter gelegentlichem Rühren braten. Mit gehacktem Basilikum bestreuen.

500 g
Tintenfischringe

3
Tomaten

1 EL
Chilipulver oder Piment d'Espelette

1
Zitrone

… und außerdem

1 Knoblauchzehe
1 EL Olivenöl
Salz und Pfeffer

1 Bund
Basilikum

Hauptgerichte 284

MIESMUSCHELN
in Currysahne

- 10 Min.
- 15 Min.
- 4 Pers.
- Budget mini

2 kg
Miesmuscheln

200 g
Kochsahne (15 %)

1 EL
Currypulver

100 ml
trockener Weißwein

3
Schalotten

… und außerdem

2 Knoblauchzehen
20 g Butter

1 Die Sahne mit dem Currypulver in einem Topf verrühren und lauwarm erhitzen. Schalotten und Knoblauch fein hacken oder zerdrücken. Die Butter in einem zweiten, großen Topf zerlassen und Zwiebeln und Knoblauch darin andünsten.

2 Die Muscheln mit dem Weißwein zur Butter geben. Umrühren und bei aufgesetztem Deckel 8 Minuten garen.

3 Die Currysahne zugießen. Rühren und einige Minuten weiterköcheln lassen, bis sich alle Muscheln geöffnet haben.

FISCHAUFLAUF
nach Art der Provence

15 Min. | 25 Min. | 4 Pers. | Budget mittel

1 Den Backofen auf 180 °C vorheizen. Die Gemüsebrühe zum Kochen bringen. Die Polenta einstreuen und 5 Minuten rühren, bis sie eingedickt ist. Salzen und pfeffern.

2 Tomaten und Oliven hacken. Mit dem Parmesan mischen.

3 Eine Schicht Polenta in eine Auflaufform füllen. Die Tomatenmischung darauf verteilen. Die Fischfilets darauflegen und mit der restlichen Polenta bedecken. Die Oberfläche glatt streichen und den Auflauf 20 Minuten im Ofen garen.

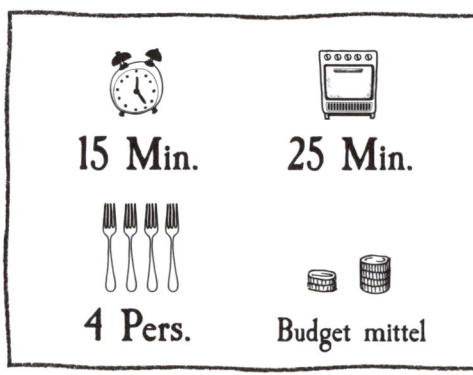
4 Seehechtfilets

120 g Polenta

15 getrocknete Tomaten

15 entsteinte schwarze Oliven

... und außerdem
500 ml Gemüsebrühe
Salz und Pfeffer

1 EL geriebener Parmesan

KABELJAU-
auflauf

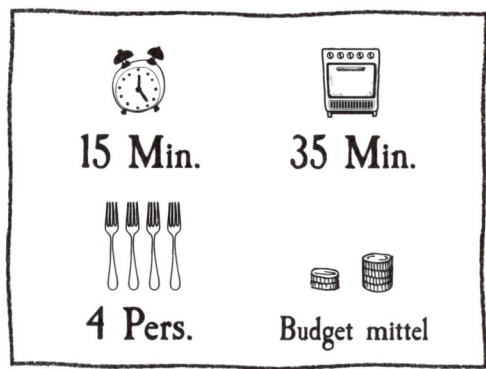

15 Min.   35 Min.
4 Pers.   Budget mittel

1 Den Backofen auf 180 °C vorheizen. Den Knoblauch zerdrücken und in einem Topf mit passierten Tomaten, Senf und Crème fraîche verrühren und 5 Minuten erhitzen. Die Polenta unter Rühren einstreuen und 5 Minuten quellen lassen.

2 Inzwischen den Kabeljau im Mixer zerkleinern und das gehackte Basilikum unterziehen. Salzen und pfeffern. Mit der Polentamischung in eine flache Auflaufform füllen. Mit dem Parmesan bestreuen und 30 Minuten im Ofen garen.

500 g
Kabeljaufilet

600 g
passierte Tomaten

50 g
Polenta

3 EL
Senf

3 EL
Crème fraîche

... und außerdem

3 Knoblauchzehen
1 Bund Basilikum
2 EL geriebener
   Parmesan
Salz und Pfeffer

Hauptgerichte 290

LACHS-KARTOFFEL-GRATIN
auf skandinavische Art

15 Min. | 30 Min. | 4 Pers. | Budget mittel

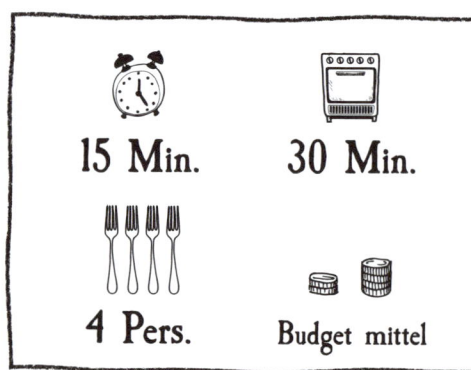

1 kg
Kartoffeln

6 Scheiben
Räucherlachs

200 g
Kochsahne (15 %)

1 EL
gehackter Dill

20 g
Butter

... und außerdem
Salz und Pfeffer

1 Den Backofen auf 180 °C vorheizen. Die Kochsahne in einer Schüssel mit dem Dill verrühren. Salzen und pfeffern.

2 Die Kartoffeln schälen und in dünne Scheiben schneiden. Den Lachs in Streifen schneiden. Kartoffeln und Lachs abwechselnd in eine flache Auflaufform schichten. Mit einer Schicht Kartoffeln abschließen. Die Butter in Flöckchen darauf verteilen. Mit der Dillsahne übergießen.

3 Mit Alufolie abdecken und 30 Minuten im Ofen garen.

KARTOFFELGRATIN
Dauphinois

- 15 Min.
- 1 Std. 15 Min.
- 6 Pers.
- Budget mini
- VEGETARISCH

1 Den Backofen auf 180 °C vorheizen. Den Knoblauch fein hacken. Auf dem Boden einer flachen Auflaufform verteilen. Die Kartoffeln schälen, in feine Scheiben schneiden und in die Form schichten.

2 Salzen und pfeffern. Die Kochsahne mit der Milch mischen und über die Kartoffeln gießen. Mit Muskatnuss bestreuen und 75 Minuten im Ofen garen.

2 kg
Kartoffeln

1
Knoblauchzehe

350 g
Kochsahne (15 %)

350 ml
Milch

2 Msp.
geriebene Muskatnuss

... und außerdem
Salz und Pfeffer

Hauptgerichte

TOMATENAUFLAUF
mit Ziegenkäse

15 Min. | 30 Min.
4 Pers. | Budget mini
VEGETARISCH | WENIG KALORIEN

1 Den Backofen auf 200 °C vorheizen. Die Tomaten in eine flache Auflaufform setzen. Den Ziegenfrischkäse in Stückchen dazwischengeben und das Basilikum darauf verteilen.

2 Eier und Stärke in einer Schüssel glatt rühren. Salzen und pfeffern. Über die Tomaten gießen und 30 Minuten im Ofen garen.

💡 *Sie können den Auflauf vor dem Garen zusätzlich mit geriebenem Parmesan oder einem anderen geriebenen Käse bestreuen, aber dann ist das Gericht nicht mehr so leicht!*

500 g
Cocktailtomaten

200 g
Ziegenfrischkäse

2 TL
gehacktes Basilikum

3
Eier

1 EL
Speisestärke

... und außerdem
Salz und Pfeffer

Hauptgerichte 296

ÜBERBACKENER
Blumenkohl mit Pancetta

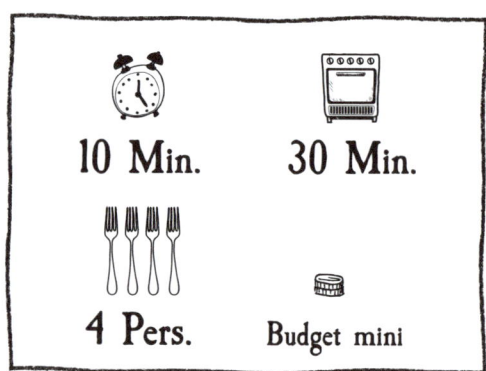

10 Min. 30 Min.
4 Pers. Budget mini

1 Den Backofen auf 180 °C vorheizen. Den Blumenkohl in Röschen teilen und dampfgaren. In eine flache Auflaufform geben und mit den Pancetta-Scheiben bedecken.

2 Die Milch in einem Topf mit der Stärke glatt rühren und unter Rühren erhitzen, bis sie eindickt. Salzen und pfeffern und den Blumenkohl damit überziehen.

3 Den Ziegenkäse zerdrücken und zusammen mit dem Emmentaler auf dem Blumenkohl verteilen. 20 Minuten im Ofen garen.

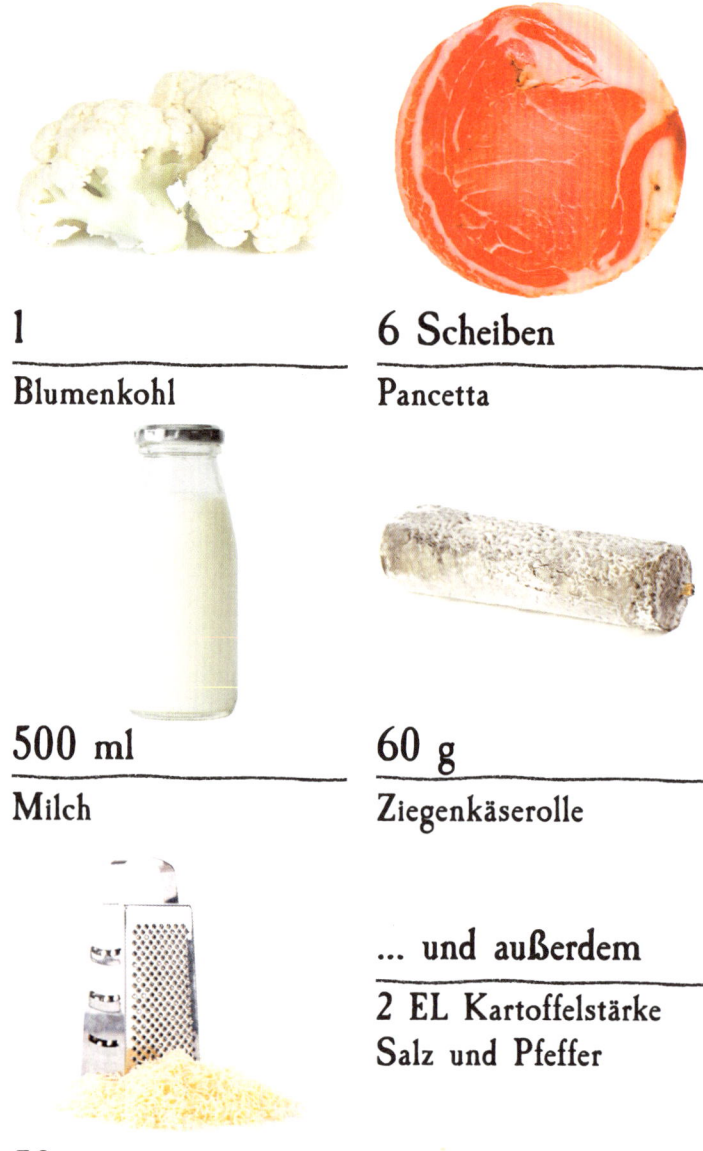

1 Blumenkohl

6 Scheiben Pancetta

500 ml Milch

60 g Ziegenkäserolle

50 g geriebener Emmentaler

... und außerdem

2 EL Kartoffelstärke
Salz und Pfeffer

Hauptgerichte

KÜRBIS-KARTOFFEL-
Gratin

15 Min. 20 Min. 4 Pers. Budget hoch IDEAL FÜR GÄSTE VEGETARISCH

1 Den Backofen auf 180 °C vorheizen. Kürbis und geschälte Kartoffeln in Stücke schneiden. Getrennt in Wasser gar kochen. Das Wasser abgießen.

2 Kürbis und Kartoffeln in eine Schüssel geben und grob zerstampfen. Ei, Milch und Muskatnuss zugeben. Salzen und pfeffern und alles verrühren. In eine Auflaufform füllen und mit dem Käse bestreuen. Die Butter in Flöckchen darauf verteilen und den Gratin 20 Minuten im Ofen backen.

350 g Hokkaido-Kürbis

350 g Kartoffeln

1 Ei

100 ml Milch

100 g geriebener Emmentaler

... und außerdem

1 Prise geriebene Muskatnuss
50 g Butter
Salz und Pfeffer

Hauptgerichte 300

GEFÜLLTE TOMATEN
mit Mandeln und Haferflocken

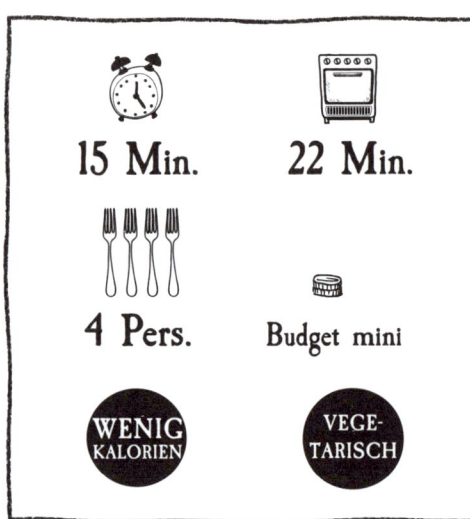

15 Min. | 22 Min.
4 Pers. | Budget mini
WENIG KALORIEN | VEGETARISCH

4
große Tomaten

40 g
Mandelblättchen

80 g
Haferflocken

1 Bund
Basilikum

1 EL
Olivenöl

... und außerdem
Salz und Pfeffer

1 Den Backofen auf 180 °C vorheizen. Von den Tomaten eine Kappe abschneiden. Das Fruchtfleisch und die Kerne mit einem Löffel herauslösen und beiseitelegen. Das Basilikum hacken.

2 Das Öl in einer Pfanne erhitzen. Das Tomatenfleisch mit Mandeln, Haferflocken und Basilikum darin 2 Minuten unter Rühren braten. Salzen und pfeffern. Die ausgehöhlten Tomaten damit füllen.

3 Die Tomaten in eine Auflaufform setzen, die Kappen wieder aufsetzen und die Tomaten 20 Minuten im Ofen garen.

Hauptgerichte

SURIMI-PFANNE
mit Lauch

15 Min. | 40 Min.
4 Pers. | Budget mini

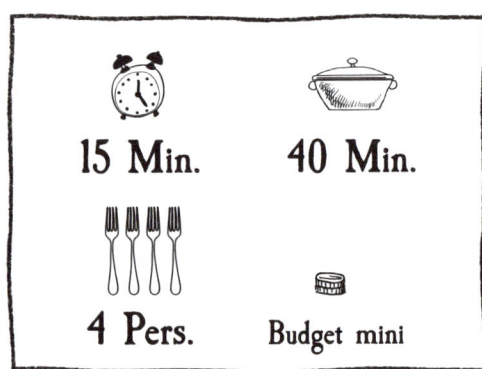

1 Den Lauch in Stücke schneiden und in einer großen Pfanne im heißen Öl etwa 15 Minuten weich garen.

2 Inzwischen die Karotten in Scheiben schneiden und in einem Topf Wasser gar kochen.

3 Die Surimi-Sticks in Stücke schneiden und mit den Karotten unter den Lauch mischen. Die Kochsahne zugießen. Salzen und pfeffern und einige Minuten erhitzen.

💡 Surimi besteht aus Fisch und ist in Asiamärkten oder gut sortierten Supermärkten erhältlich.

12
Surimi-Sticks

6 Stangen
Lauch

4
Karotten

150 g
Kochsahne (15 %)

... und außerdem
1 EL Olivenöl
Salz und Pfeffer

GRÜNES CURRY
mit Gemüse

- 15 Min.
- 35 Min.
- 4 Pers.
- Budget mittel
- WENIG KALORIEN
- VEGETARISCH

1 Die Bohnen putzen, den Brokkoli in Röschen teilen und beides 8 Minuten in einem Topf Salzwasser kochen. Das Wasser abgießen und das Gemüse abtropfen lassen.

2 Inzwischen die Zwiebel hacken und in einer tiefen Pfanne im heißen Öl anbraten. Ingwer und Currypaste einrühren.

3 Brühe und Kokosmilch zugießen. Gemüse und Limettensaft untermischen. Salzen und pfeffern und einige Minuten erhitzen. Mit Kokosraspeln und Koriander bestreuen.

400 g
grüne Bohnen

1
Brokkoli

1
Zwiebel

1 EL
grüne Currypaste

400 ml
Kokosmilch

... und außerdem

2 TL Olivenöl
1 cm geriebener Ingwer
1 Limette
2 EL Kokosraspel
1 EL gehackter Koriander
500 ml Gemüsebrühe
Salz und Pfeffer

Hauptgerichte 306

PAPRIKAPFANNE
mit Ei und Schinken

10 Min.   20 Min.

4 Pers.   Budget mini

1 Die Paprikaschoten in Streifen schneiden. Die Zwiebel hacken. Beides in einer tiefen Pfanne im heißen Öl etwa 10 Minuten braten. Die passierten Tomaten unterrühren.

2 Den Schinken in Streifen schneiden und auf dem Gemüse verteilen. Die Eier aufschlagen, auf das Gemüse geben, salzen und pfeffern und etwa 10 Minuten stocken lassen.

2 rote Paprikaschoten

2 grüne Paprikaschoten

1 Zwiebel

4 Scheiben luftgetrockneter Schinken

… und außerdem

500 g passierte Tomaten
2 TL Olivenöl
Salz und Pfeffer

4 Eier

Hauptgerichte

TORTILLA
auf spanische Art

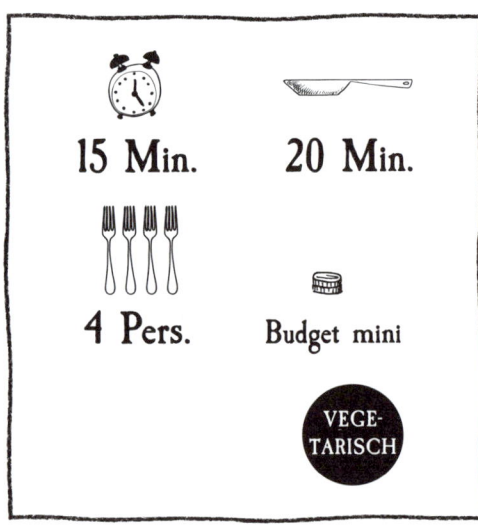

15 Min.   20 Min.
4 Pers.   Budget mini

VEGETARISCH

8 Eier

3 Kartoffeln

3 Knoblauchzehen

1 Zwiebel

225 ml Olivenöl

... und außerdem
Salz und Pfeffer

1 Die geschälten Kartoffeln in sehr feine Scheiben schneiden. Die Zwiebel hacken, den Knoblauch zerdrücken. Die Eier in einer großen Schüssel verquirlen. Salzen und pfeffern.

2 In einem großen Topf 200 ml Öl erhitzen. Die Kartoffelscheiben mit dem Knoblauch darin 10 Minuten braten. Die Zwiebel zugeben und weitere 5 Minuten garen.

3 Kartoffeln und Zwiebel abtropfen lassen und unter die Eier mischen. Das restliche Öl in einer Pfanne erhitzen und die Eiermasse darin bei aufgesetztem Deckel etwa 5 Minuten unter regelmäßigem Rühren stocken lassen.

4 Wenn der Rand anfängt zu bräunen, die Tortilla wenden und weitere 2–3 Minuten garen.

Hauptgerichte 310

OMELETT
mit Ziegenkäse und Minze

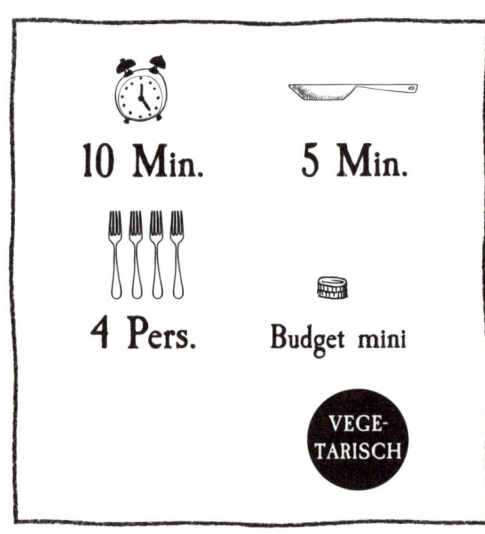

10 Min.   5 Min.

4 Pers.   Budget mini

VEGETARISCH

8
Eier

8
gehackte Minzeblätter

120 g
Ziegenfrischkäse

1 EL
Olivenöl

1 Die Eier in einer Schüssel verquirlen. Die Minze unterrühren. Salzen und pfeffern.

2 Das Öl in einer Pfanne erhitzen. Die Eier hineingießen und etwa 5 Minuten garen. Dabei gestocktes Ei mit einem Pfannenwender vom Rand in die Mitte schieben.

3 Den Ziegenfrischkäse auf dem Omelett verstreichen. Das Omelett zusammenklappen, auf einen Teller heben und einige Minuten ruhen lassen.

... und außerdem

Salz und Pfeffer

GEBACKENES OMELETT
mit Tomatensauce

10 Min. 25 Min.
4 Pers. Budget mini
VEGETARISCH

1 Den Backofen auf 180 °C vorheizen. Die Eier mit einem Handmixer mit Stärke und Crème fraîche verrühren. Salzen und pfeffern. In eine flache, runde Auflaufform füllen und 20 Minuten im Ofen backen.

2 Die Knoblauchzehe hacken. Mit Tomatensauce und Öl in einen Topf füllen und 5 Minuten unter Rühren erhitzen. Die Basilikumblätter abzupfen, hacken und in die Tomatensauce rühren. Die Sauce zum gebackenen Omelett servieren.

8
Eier

1 EL
Speisestärke

2 EL
Crème fraîche

200 g
passierte Tomaten

1
Knoblauchzehe

... und außerdem

2 EL Olivenöl
2 Stängel Basilikum
Salz und Pfeffer

Hauptgerichte 314

EIER MIT TOMATEN
und Knoblauch

10 Min. | 12 Min.
4 Pers. | Budget mini
WENIG KALORIEN | VEGETARISCH

1 Die Tomaten würfeln. Die Knoblauchzehen zerdrücken. Beides in einer großen Pfanne im heißen Öl 8 Minuten bei niedriger Hitze garen. Salzen und pfeffern. Die Oreganoblätter abzupfen und unterrühren.

2 Vier Mulden in die Tomatenmasse drücken. Die Eier aufschlagen und in die Mulden geben. Weitergaren, bis die Eiweiße gestockt sind.

4 Eier

6 Tomaten

3 Knoblauchzehen

1 EL Olivenöl

... und außerdem

Salz und Pfeffer

3 Stängel Oregano

Hauptgerichte 316

RÜHREI
mit grünem Spargel

10 Min.   4 Min.

4 Pers.   Budget mini

VEGE-TARISCH

1 Die Eier mit Milch und Parmesan in einer Schüssel verquirlen. Die Spargelstangen in Stücke schneiden.

2 Die Butter in einer großen Pfanne zerlassen und den Spargel darin 5 Minuten braten.

3 Die Eiermasse zugießen und etwa 3 Minuten unter ständigem Rühren stocken lassen. Salzen und pfeffern.

💡 *Sie können auch weißen Spargel aus dem Glas verwenden und diesen nur 1 Minute braten.*

8

Eier

10 Stangen

grüner Spargel

100 ml

Milch

1 EL

geriebener Parmesan

15 g

Butter

... und außerdem

Salz und Pfeffer

STUDENTENREIS
für Eilige

10 Min.   25 Min.

4 Pers.   Budget mini

VEGETARISCH

250 g
Vollkornreis

6
Zwiebeln

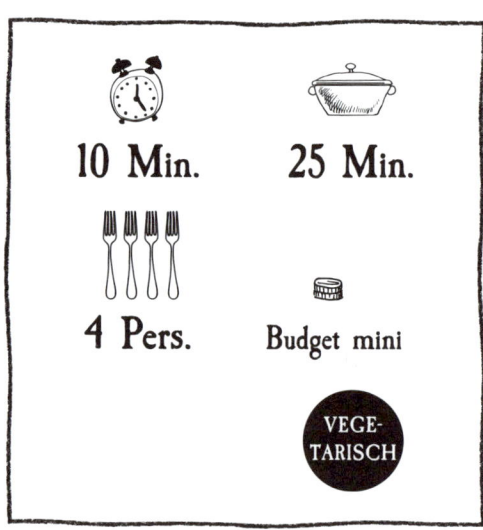

25 g
Butter

250 g
Kochsahne (15 %)

4
Eier

... und außerdem
Salz und Pfeffer

1 Den Reis nach Packungsangabe gar kochen.

2 Die Zwiebeln hacken. Die Butter in einer Pfanne zerlassen und die Zwiebeln darin etwa 10 Minuten garen. Die Sahne in einem Topf erhitzen. Salzen und pfeffern.

3 Die Eier in einem Topf Wasser hart kochen, schälen und vierteln. Den Reis auf Teller verteilen und Eier und Zwiebeln darauf anrichten. Mit der Sahne überziehen.

Hauptgerichte

PUTEN-CORDON-BLEU
mit Zucchini

15 Min.   10 Min.

4 Pers.   Budget mittel

1 Die Zucchini in feine Scheiben schneiden. Die Putenschnitzel mit je 1 Scheibe Bündnerfleisch und Zucchinischeiben belegen. Salzen und pfeffern. Die Schnitzel zusammenklappen und leicht andrücken. Mit Holzspießen feststecken.

2 Den Zwieback fein zerkrümeln. Die Schnitzel erst im verquirlten Ei, dann in den Zwiebackbröseln wenden.

3 Die Schnitzel in einer großen Pfanne im heißen Öl 10 Minuten von jeder Seite gar braten.

Bitten Sie Ihren Geflügelhändler, die Schnitzel zu plattieren.

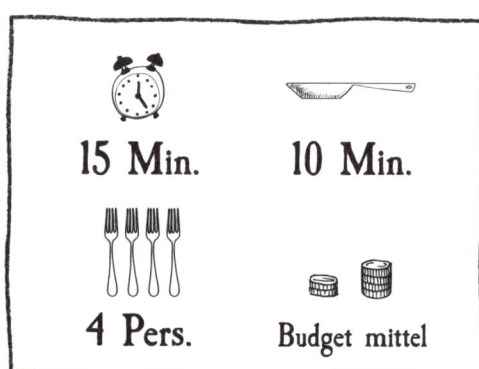

4
Putenschnitzel

4 Scheiben
Bündnerfleisch

1
Zucchini

1
Ei

6
Zwiebäcke

... und außerdem

1 EL Olivenöl
Salz und Pfeffer

Hauptgerichte 322

KARTOFFELTALER
mit Schinken

15 Min. 10 Min.
4 Pers. Budget mini

300 g
Kartoffelpüree

4 Scheiben
Kochschinken

1 Je 1 gehäuften Esslöffel Kartoffelpüree in 4 Metallringe streichen.

2 Den Schinken hacken und zusammen mit den Schnittlauchröllchen auf dem Püree verteilen. Mit dem restlichen Kartoffelpüree bedecken. Gut andrücken. Die Metallringe entfernen. Den Zwieback fein zerkrümeln, salzen und pfeffern und über die Taler streuen.

3 Die Taler in einer Antihaft-Pfanne 5 Minuten von jeder Seite bei niedriger Hitze goldbraun braten.

4 TL
Schnittlauchröllchen

6
Zwiebäcke

... und außerdem

Salz und Pfeffer

Zwiebackbrösel sind eine leichtere Alternative zu normalen Semmelbröseln oder Paniermehl.

OBSTAUFLAUF
mit Winterfrüchten

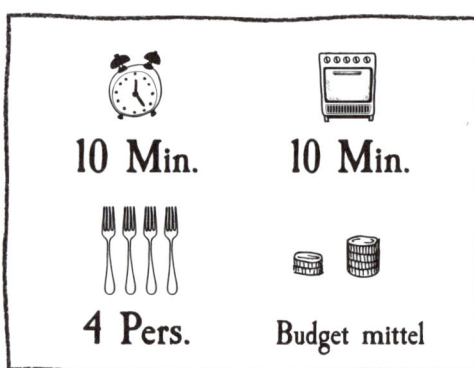

10 Min.   10 Min.

4 Pers.   Budget mittel

1 Den Backofengrill vorheizen. Alle Früchte in Scheiben oder Spalten schneiden. Die Eigelbe in einem Topf mit dem Zucker verquirlen. Die Crème fraîche unterrühren und 5 Minuten auf niedriger Stufe unter Rühren erhitzen.

2 Die Fruchtstücke in einer Auflaufform verteilen. Mit der Eiermasse überziehen und mit dem Vanillezucker bestreuen. 5 Minuten im Backofengrill überbacken.

1 Clementine

1 Apfel

1 Birne

1 Kiwi

1 Banane

... und außerdem

4 Eigelb
100 g Zucker
250 g Crème fraîche
2 Päckchen
 Vanillezucker

Desserts

MANGOAUFLAUF
mit Tapioka

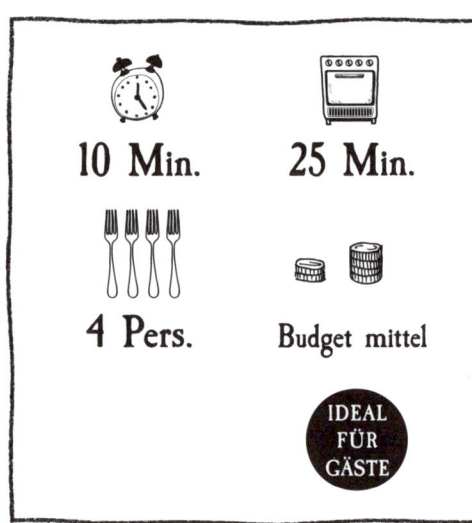

10 Min.   25 Min.

4 Pers.   Budget mittel

IDEAL FÜR GÄSTE

1 Den Backofen auf 180 °C vorheizen. Die Milch mit dem Sirup in einen Topf füllen. Die Tapioka unterrühren und 10 Minuten köcheln lassen. Inzwischen die Mangos würfeln.

2 Die Eier verquirlen und in die heiße Milch rühren. Die Mangowürfel unterziehen. Die Mischung in 4 Förmchen füllen und 15 Minuten im Ofen backen.

💡 Wählen Sie am besten sehr reife, weiche Früchte. Tapioka bekommen Sie in Asiamärkten oder gut sortierten Supermärkten.

2
Mangos

25 g
Tapiokaperlen (Perlsago)

300 ml
Milch

2 EL
Mangosirup

2
Eier

Desserts 328

APFEL-CRUMBLE

10 Min. 45 Min.

6 Pers. Budget mini

6 Äpfel

2 EL Butter

4 EL Vanillezucker

6 EL Speisestärke

1 Den Backofen auf 180 °C vorheizen. Die Butter in einem Topf zerlassen. In eine Schüssel füllen und mit Vanillezucker und Stärke zu einer krümeligen Masse verarbeiten.

2 Die Äpfel würfeln. In einer Auflaufform verteilen. Die Streusel darübergeben und das Ganze 45 Minuten im Ofen backen.

FRUCHTSALAT
Tropicana

10 Min. | 3 Min.
4 Pers. | Budget mittel
IDEAL FÜR GÄSTE

1 Die Ananas in Scheiben, Mango und Papaya in Würfel schneiden. Die Butter in einer Pfanne zerlassen und die Fruchtstücke darin 3 Minuten braten. Inzwischen die Kekse im Mixer zerkleinern.

2 Die Fruchtstücke mit dem Zucker bestreuen und vermengen. In 4 Dessertschalen füllen und die Keksekrümel darüberstreuen. Mit feinen Limettenschalenstreifen garnieren.

1 kleine Ananas

1 Mango

1 Papaya

50 g Butterkekse

1 Bio-Limette

... und außerdem

20 g Butter
20 g Zucker

FLAMBIERTE BANANEN

5 Min. | 5 Min.
4 Pers. | Budget mini

4
Bananen

50 ml
brauner Rum

15 g
Butter

2 Päckchen
Vanillezucker

1 Die Bananen schälen und längs halbieren. Die Butter in einer großen Pfanne zerlassen und die Bananen darin 5 Minuten unter Wenden braten.

2 Den Vanillezucker über die Bananen streuen und karamellisieren lassen. Mit dem Rum übergießen. Die Pfanne vom Herd nehmen und die Bananen flambieren.

Desserts 334

FEIGEN
im Päckchen

5 Min. | 15 Min.
4 Pers. | Budget hoch

IDEAL FÜR GÄSTE

1 Den Backofen auf 180 °C vorheizen. Vier quadratische Bögen Backpapier zurechtschneiden und je 4 Feigen daraufsetzen. Mit dem Wein beträufeln und mit Zucker und Zimt bestreuen.

2 Das Backpapier zu Päckchen zusammendrehen und die Feigen 15 Minuten im Ofen garen.

16 Feigen

4 EL Muskateller-Wein

3 EL Vollrohrzucker

1 TL gemahlener Zimt

Desserts

APFELTARTE
nach Art der Normandie

⏰ 15 Min. 🔥 30 Min.
🍴 4 Pers. Budget mini

1 Den Backofen auf 200 °C vorheizen. Eine Tarteform mit Backpapier auslegen und mit dem Mürbeteig auskleiden. Die Äpfel in feine Spalten schneiden.

2 Das Apfelkompott auf dem Teigboden verstreichen. Die Apfelscheiben fächerartig darauf anordnen. Mit 2 Päckchen Vanillezucker bestreuen und 20 Minuten im Ofen backen.

3 Inzwischen die Crème fraîche mit Eigelb, Calvados und dem restlichen Vanillezucker glatt rühren. Die Tarte aus dem Ofen nehmen und mit der Creme überziehen. Weitere 10 Minuten backen.

💡 *Sie können die Tarte auch ohne Calvados zubereiten.*

1 Packung
Mürbeteig

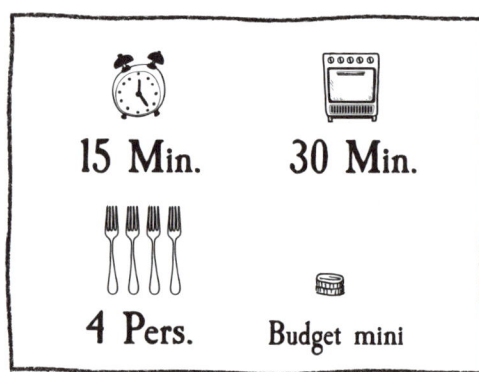

5
Äpfel

3 EL
Crème fraîche

300 g
Apfelkompott

3 Päckchen
Vanillezucker

... und außerdem

1 Eigelb
1 TL Calvados

Desserts 338

APFELRÜHRKUCHEN
schnell und einfach

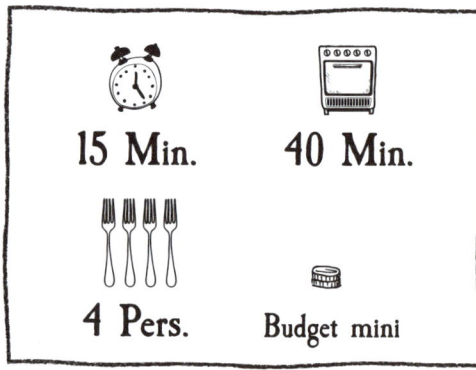

15 Min.   40 Min.

4 Pers.   Budget mini

1 Den Backofen auf 180 °C vorheizen. Die Äpfel würfeln. Eier und Zucker in einer Schüssel schaumig rühren. Mehl, Backpulver, Milch und Olivenöl unterrühren. Dann Apfelwürfel und Vanillezucker unterziehen.

2 Den Teig in eine Springform füllen und 40 Minuten im Ofen backen.

5
Äpfel

2
Eier

140 g
Zucker

300 g
Weizenmehl

200 ml
Milch

... und außerdem

4 EL Olivenöl
1 Päckchen
   Vanillezucker
1 Päckchen Backpulver

Desserts 340

MAGISCHER
Ofenpfannkuchen

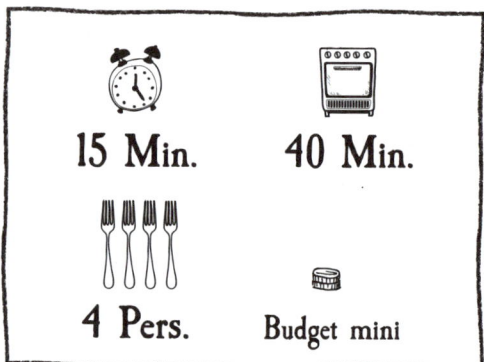

15 Min. — 40 Min. — 4 Pers. — Budget mini

1 Den Backofen auf 160 °C vorheizen. Das Mehl in einer Schüssel mit der Hälfte der Milch und Salz glatt rühren. Die Eier trennen. Die Eigelbe mit Zucker und der restlichen Milch in die Mehlmischung rühren. Die Eiweiße mit etwas Salz steif schlagen und unter die Eiermasse heben. In eine runde Backform füllen.

2 Im Ofen 10 Minuten backen. Dann die Temperatur auf 150 °C reduzieren und weitere 30 Minuten backen.

125 g Weizenmehl

500 ml Milch

3 Eier

120 g Zucker

... und außerdem

1 Prise Salz

Desserts 342

KALTE SCHNAUZE
mit Kaffee

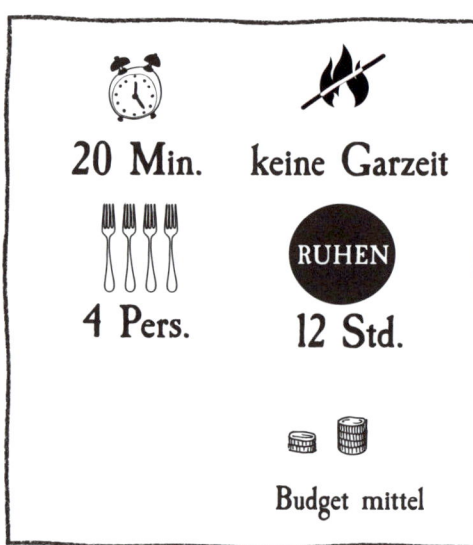

20 Min. — keine Garzeit
4 Pers. — RUHEN 12 Std.
Budget mittel

36
Butterkekse

3
Eier

120 g
Butter

70 g
Zucker

60 ml
kalter starker Kaffee

1 TL
Kakaopulver

1 Die Butterkekse mit dem Kaffee beträufeln. Die Eier trennen. Die weiche Butter mit dem Zucker cremig rühren. Die Eigelbe einzeln einarbeiten. Die Eiweiße steif schlagen und unter die Eiermasse heben.

2 Die Butterkekse abwechselnd mit der Eiermasse in eine kleine Kastenform schichten. Mit Kakaopulver bestäuben und über Nacht im Kühlschrank fest werden lassen.

Desserts 344

CRÈME CARAMEL

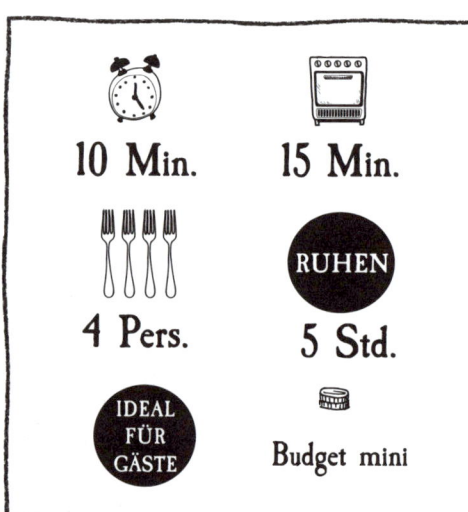

10 Min.   15 Min.

4 Pers.   RUHEN 5 Std.

IDEAL FÜR GÄSTE   Budget mini

1 Den Flüssigkaramell in eine hohe Auflaufform geben. Boden und Rand durch Schwenken damit überziehen. Die Milch mit der aufgeschlitzten Vanilleschote in einem Topf zum Kochen bringen. Ei und Eigelbe mit dem Zucker verquirlen und unter Rühren in die heiße Milch gießen. Die Masse in die Auflaufform füllen.

2 Die Auflaufform in einen großen Schnellkochtopf mit 1 Liter Wasser setzen und mit einem Teller bedecken. Den Topf schließen. Sobald das Kochsignal erscheint, 11 Minuten garen.

3 Die Creme im Topf erkalten lassen und dann mindestens 5 Stunden im Kühlschrank ruhen lassen. Vor dem Servieren auf einen großen Teller stürzen.

1 Ei

4 Eigelb

60 g Flüssigkaramell

500 ml Milch

1 Vanilleschote

40 g Zucker

AUFLAUF
mit Sommerbeeren

10 Min. | 30 Min.
4 Pers. | Budget mittel
WENIG KALORIEN | IDEAL FÜR GÄSTE

1 Den Backofen auf 180 °C vorheizen. Die Eigelbe mit Agavendicksaft und Milch in einer Schüssel glatt rühren. Das Mehl klümpchenfrei einarbeiten.

2 Die Beeren auf vier ofenfeste Förmchen verteilen und mit der Eiermasse übergießen. 30 Minuten im Ofen backen.

250 g rote Beeren

2 Eigelb

70 g Agavendicksaft

250 ml Milch

60 g Weizenmehl

BRATÄPFEL
mit Mäusespeck

5 Min. | 13 Min. | 4 Pers. | Budget mini

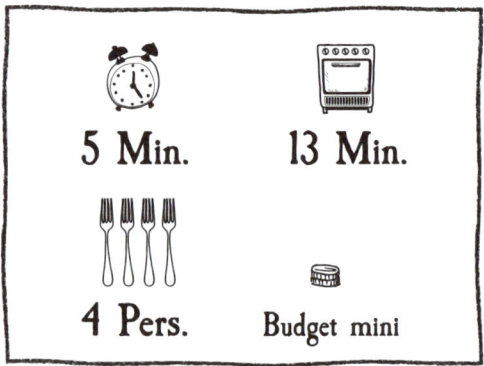

4
Äpfel

1 TL
gemahlene Vanille

1 Den Backofen auf 180 °C vorheizen. Das Kerngehäuse der ungeschälten Äpfel mit einem Apfelausstecher herauslösen. Die Äpfel in eine Auflaufform setzen und mit der Vanille bestreuen. 10 Minuten im Ofen backen.

2 Den Mäusespeck in die Höhlung stecken und die Äpfel weitere 3 Minuten im Ofen garen. Lauwarm abkühlen lassen.

4–8 Stück
Mäusespeck mit Schokoüberzug

TIRAMISU
mit Himbeeren

15 Min.   keine Garzeit

4 Pers.   Budget mittel

IDEAL FÜR GÄSTE

1 Die Eier trennen. Die Eiweiße steif schlagen. Den Mascarpone mit Zucker und Eigelben in einer Schüssel glatt rühren. Den Eischnee vorsichtig unterheben.

2 Die Hälfte der Himbeeren pürieren und auf vier Förmchen verteilen. Die Löffelbiskuits halbieren und darauflegen. Die Mascarponecreme darauf geben. Mit den restlichen frischen Himbeeren garnieren und mit dem Kakaopulver bestäuben.

200 g Himbeeren

130 g Mascarpone

2 Eier

40 g Zucker

4 Löffelbiskuits

1 TL Kakaopulver

APFELROSEN

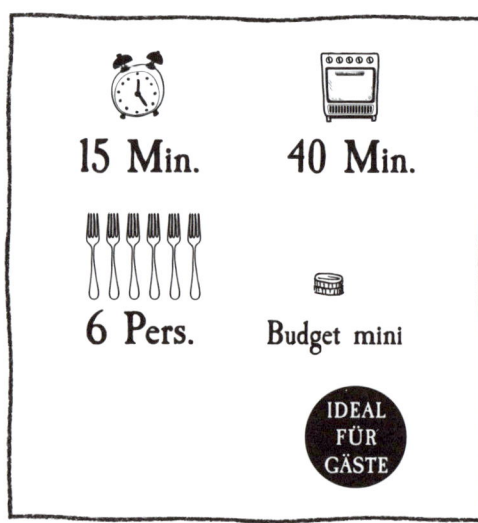

15 Min. 40 Min.
6 Pers. Budget mini
IDEAL FÜR GÄSTE

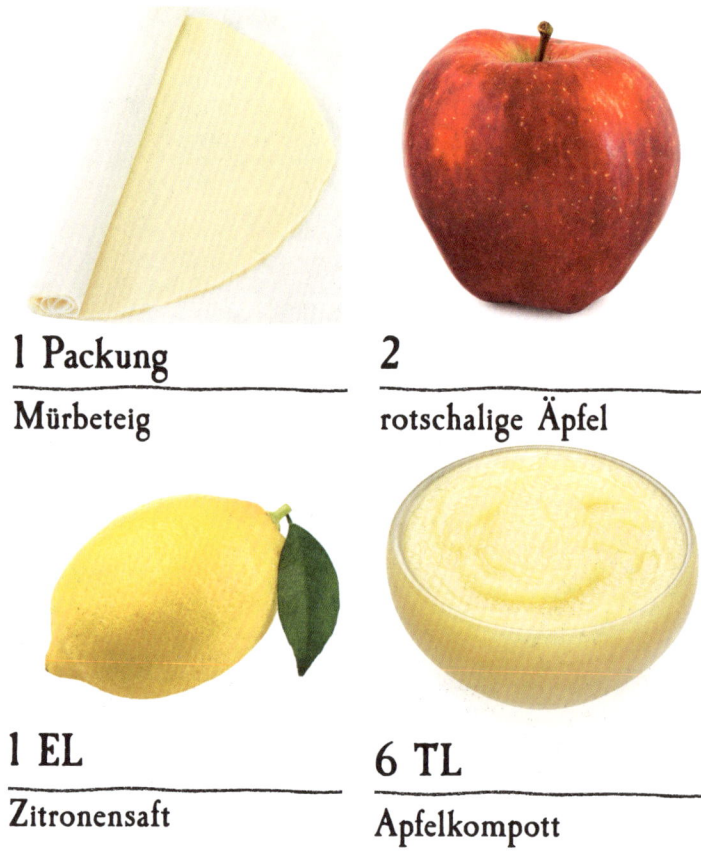

1 Packung
Mürbeteig

2
rotschalige Äpfel

1 EL
Zitronensaft

6 TL
Apfelkompott

... und außerdem
Butter zum Einfetten

1 Den Backofen auf 180 °C vorheizen. Eine Muffinform mit Butter einfetten. Die ungeschälten Äpfel in feine Spalten schneiden. Mit Zitronensaft und 4 Esslöffeln Wasser 2 Minuten in der Mikrowelle garen, bis sie biegsam sind. Abtropfen lassen.

2 Den Mürbeteig in Streifen schneiden (etwa 5 x 25 Zentimeter) und mit Apfelkompott bestreichen. Je 7–8 Apfelspalten mit der Schalenseite nach oben überlappend so auf die Streifen legen, dass die Spalten zur Hälfte über die Kante ragen.

3 Die Teigstreifen längs Kante auf Kante zusammenklappen. Die Streifen aufrollen, sodass Rosenblüten entstehen. In die Muffinform setzen und 40 Minuten im Ofen backen.

Achten Sie darauf, dass der Mürbeteig eine rechteckige Form hat.

ROSENCREME
mit Himbeeren

10 Min.   25 Min.

4 Pers.   Budget hoch

IDEAL FÜR GÄSTE

80 g Tapiokaperlen (Perlsago)

1 EL Rosensirup

250 g Himbeeren

500 ml Milch

2 EL Zucker

1 TL Puderzucker

1 Die Milch in einem Topf zum Kochen bringen. Tapioka und Zucker einrühren und 25 Minuten unter gelegentlichem Rühren köcheln lassen. Den Topf vom Herd nehmen und den Rosensirup unterrühren.

2 Die Creme in vier Förmchen füllen und erkalten lassen. Mit den Himbeeren garnieren und mit Puderzucker bestäuben.

Sie können die Creme auch mit einem anderen Sirup aromatisieren.

PANNA COTTA
mit Kaffee

10 Min. 3 Min.
4 Pers. RUHEN 6 Std.
Budget mini

400 ml
Milch

100 g
Kochsahne (15 %)

1 EL
löslicher Kaffee

2 Blatt
weiße Gelatine

1 EL
Zucker

1 Die Gelatine in einer Schale mit kaltem Wasser einweichen. Milch und Sahne mischen und in einem Topf zum Kochen bringen. Den Kaffee darin auflösen.

2 Die Gelatine ausdrücken und unter Rühren in der heißen Milch auflösen.

3 Die Masse in vier Tassen füllen und erkalten lassen. Dann mindestens 6 Stunden im Kühlschrank fest werden lassen.

💡 Garnieren Sie die Panna Cotta vor dem Servieren mit einigen Kaffeebohnen.

MOUSSE AU CHOCOLAT

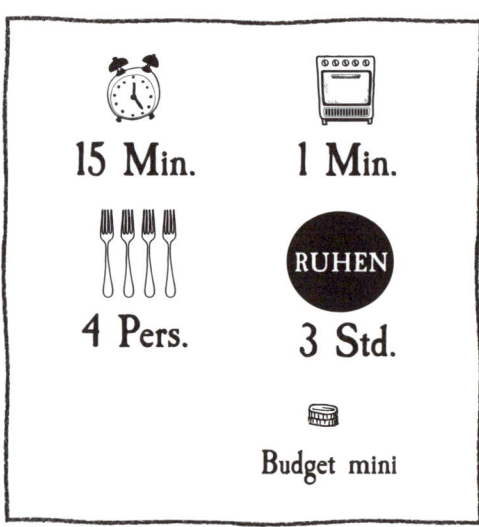

15 Min.
1 Min.
4 Pers.
RUHEN
3 Std.
Budget mini

200 g
Zartbitterschokolade

6
Eier

1 Die Schokolade in Stücke brechen und mit 1 Esslöffel Wasser in der Mikrowelle schmelzen.

2 Die Eier trennen. Die Eiweiße steif schlagen.

3 Die Eigelbe einzeln in die leicht abgekühlte geschmolzene Schokolade rühren. Den Eischnee unterheben. Mindestens 3 Stunden im Kühlschrank fest werden lassen.

Für eine leichtere Version verwenden Sie Schokolade mit einem Kakaoanteil von 70 %, 2 Eigelb und 5 Eiweiß.

CRÈME BRÛLÉE
mit Veilchensirup

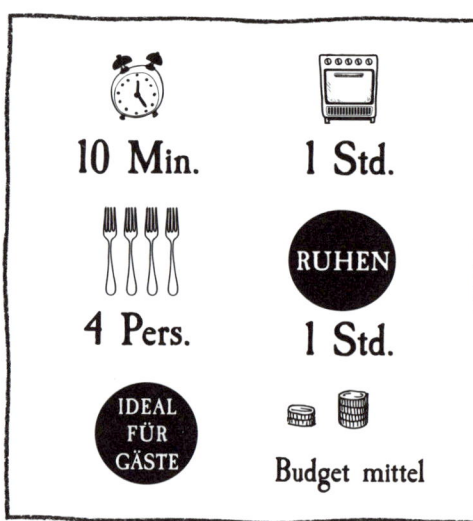

10 Min. | 1 Std.
4 Pers. | RUHEN 1 Std.
IDEAL FÜR GÄSTE | Budget mittel

1 Den Backofen auf 180 °C vorheizen. Die Sahne mit der Milch in einem Topf verrühren und bis knapp unter den Siedepunkt erhitzen.

2 Die Eigelbe mit Zucker und Veilchensirup in einer Schüssel verquirlen. Nach und nach die heiße Milch unter ständigem Rühren zugießen. Die Masse in vier ofenfeste Förmchen füllen und etwa 1 Stunde im Ofen garen.

3 Die Crème erkalten lassen und 1 Stunde im Kühlschrank ruhen lassen. Vor dem Servieren mit dem Vollrohrzucker bestreuen und karamellisieren.

3 Eigelb

2 EL Veilchensirup

150 g Kochsahne (20 %)

250 ml Milch

30 g Zucker

4 TL Vollrohrzucker

Desserts 362

MILCHREIS

5 Min. 45 Min.
4 Pers. Budget mini
WENIG KALORIEN

1 Den Reis abspülen und 3 Minuten in einem Topf Wasser kochen. Das Wasser abgießen und den Reis abtropfen lassen.

2 Die Milch mit aufgeschlitzter Vanilleschote und Zucker in einem Topf zum Kochen bringen. Den Reis einstreuen und bei niedrigster Hitze 45 Minuten unter Rühren garen, bis die Milch aufgesogen und der Reis ganz weich ist.

60 g
Rundkornreis

500 ml
Vollmilch

1
Vanilleschote

50 g
Zucker

QUARKSPEISE
mit Erdbeeren

10 Min. | 15 Min.
4 Pers. | RUHEN 1 Std.
IDEAL FÜR GÄSTE | Budget mini

1 Die Gelatine in einer Schale mit kaltem Wasser einweichen. Die Milch in einem Topf erhitzen. Die Gelatine ausdrücken und unter Rühren in der heißen Milch auflösen.

2 Den Quark in einer Schüssel mit dem Vanillezucker glatt rühren. Die Milch einarbeiten. Das Eiweiß steif schlagen und unter den Quark heben. In vier Dessertschalen füllen, mit Frischhaltefolie abdecken und 1 Stunde im Kühlschrank fest werden lassen.

3 Die Erdbeeren glatt pürieren und die Quarkspeise vor dem Servieren damit überziehen.

💡 *Garnieren Sie die Quarkspeise mit einigen halbierten Erdbeeren.*

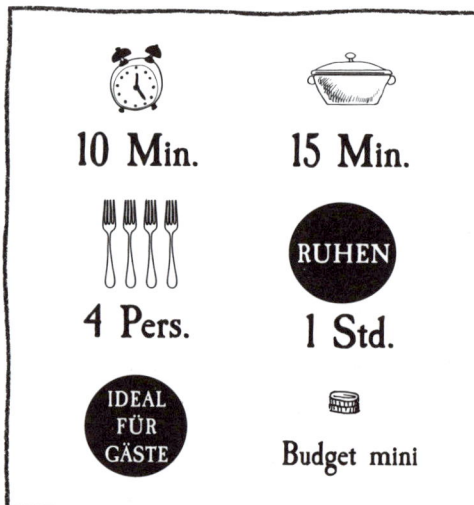
250 g
Speisequark (20 %)

200 g
Erdbeeren

2 Blatt
weiße Gelatine

20 ml
Milch

3 EL
Vanillezucker

1
Eiweiß

Desserts 366

ZITRONENGELEE

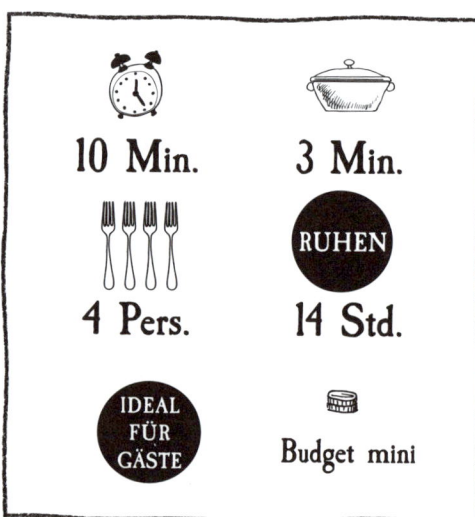

10 Min.
3 Min. RUHEN
4 Pers.
14 Std.
IDEAL FÜR GÄSTE
Budget mini

3
Bio-Zitronen

1 l
Mineralwasser

230 g
Zucker

70 g
Speisestärke

1 Das Mineralwasser in eine Schüssel füllen. Die Zitronenschalen fein abreiben, mit dem Zucker ins Mineralwasser rühren und 2 Stunden ziehen lassen.

2 Den Zitronensaft auspressen und die Speisestärke damit anrühren. Die Mischung kräftig in das Mineralwasser rühren. In einen Topf füllen und 3 Minuten unter Rühren erhitzen, bis die Masse eindickt.

3 Die Masse in vier Dessertgläser füllen, erkalten und über Nacht im Kühlschrank ganz fest werden lassen.

Desserts

MANDELKUCHEN

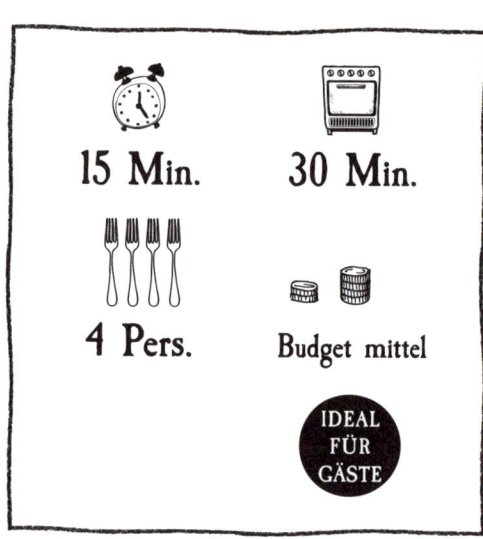

15 Min. 30 Min.
4 Pers. Budget mittel
IDEAL FÜR GÄSTE

1 Den Backofen auf 180 °C vorheizen. Für die Füllung die Butter zerlassen und etwas abkühlen lassen. Inzwischen die Eier in einer Schüssel verquirlen. Flüssige Butter, Zucker und Mandeln kräftig unterrühren.

2 Eine Blätterteigplatte ausbreiten, gegebenenfalls kreisrund zurechtschneiden und mit der Mandelmasse bestreichen. Dabei ringsum einen 1 Zentimeter breiten Rand lassen. Den Rand mit Wasser befeuchten. Den zweiten Blätterteig darauflegen, am Rand gut andrücken.

3 Den Kuchen mit dem Eigelb bestreichen und mit einer Messerspitze ein dekoratives Muster einritzen. 30 Minuten im Ofen backen.

2 Packungen Blätterteig
125 g Butter
125 g Zucker
125 g gemahlene Mandeln
2 Eier
1 Eigelb

Desserts 370

SCHOKO-BIRNEN-
Cookies

10 Min. 20 Min.
4 Pers. Budget mittel

1 Den Backofen auf 180 °C vorheizen. Die halbe Birne in Würfel schneiden. Die weiche Butter mit Zucker und Eiweiß cremig rühren. Mehl, Schokotröpfchen und Birnenwürfel einarbeiten.

2 Ein Backblech mit Backpapier belegen. Den Teig in 5 Zentimeter großen Kreisen daraufsetzen und 20 Minuten im Ofen backen.

2 EL
dunkle Schokotröpfchen

½
Birne

70 g
Butter

60 g
Rohrohrzucker

1
Eiweiß

125 g
Weizenmehl

Desserts 372

ZARTE MANDELKÜCHLEIN

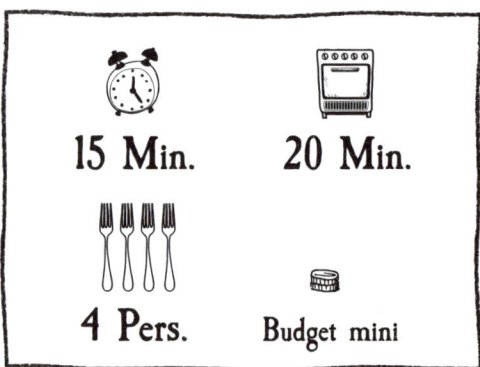

15 Min.　20 Min.
4 Pers.　Budget mini

1 Den Backofen auf 200 °C vorheizen. Die Butter zerlassen und abkühlen lassen. Die Eiweiße halb steif schlagen. Mehl, Zucker, Mandeln und flüssige Butter unterziehen.

2 Die Masse in eingefettete Minikastenformen füllen und 20 Minuten im Ofen backen.

4 Eiweiß

60 g Weizenmehl

150 g Zucker

80 g gemahlene Mandeln

100 g Butter

SCHOKOBANANEN
im Teigmantel

10 Min. 5–7 Min.

4 Pers. Budget mittel

IDEAL FÜR GÄSTE

4
Yufka-Teigblätter

2
Bananen

20 g
Zartbitterschokolade

2 EL
Kokosraspel

15 g
Butter

1 Die Bananen in Scheiben schneiden. Die Schokolade raspeln. Die Yufka-Teigblätter ausbreiten und dünn mit Wasser befeuchten. Die Bananenscheiben in der Mitte der Teigblätter verteilen. Mit Schokolade und Kokosraspeln bestreuen. Die Seiten einschlagen, sodass schlanke Päckchen entstehen.

2 Die Butter in einer großen Pfanne zerlassen. Die Päckchen darin 5–7 Minuten unter regelmäßigem Wenden goldbraun braten.

💡 *Yufka-Teig erhalten Sie in türkischen Lebensmittelgeschäften. Sie können ihn durch Filo- oder Strudelteig (Kühlregal) ersetzen.*

Desserts 376

REZEPTVERZEICHNIS

A

Apfel-Crumble 330
Apfelrosen 354
Apfelrührkuchen schnell
    und einfach 340
Apfeltarte nach Art
    der Normandie 338
Auflauf mit Sommerbeeren 348

B

Backpflaumen-Bonbons 16
Baguettebrötchen mit
    Speck und Käse 98
Birnen-Tapas mit
    Bündnerfleisch 22
Blätterteigräder mit
    Tapenade 34
Blumenkohlcremesuppe
    mit Räucherlachs................. 66
Bohneneintopf auf
    französische Art 226
Bratäpfel mit Mäusespeck 350
Brathähnchen mit Safran 132
Brathähnchen
    provenzalische Art 144
Brotterrine mit Lachs...............56

C

Cannelloni 118
Champignons mit
    Ziegenkäsefüllung................. 32
Chili con Carne extra leicht 184
Chinesische Nudelpfanne
    mit Ente 106
Conchiglione mit
    Spinat-Ricotta-Füllung 124
Cookies mit Ziegenkäse
    und Nüssen 26
Crème Brûlée mit
    Veilchensirup 362
Crème Caramel 346
Curry-Garnelen in
    Kokossauce 272

D

Dorade in der Salzkruste........262

E

Eier im Nest mit kleinen
    Brioches............................. 46
Eier im Speckkörbchen............. 38
Eier mit Tomaten und
    Knoblauch 316
Entenbrust mit Ananas........... 172
Entenbrustfilets mit Orange ... 174
Essighühnchen........................140

F

Feigen im Päckchen.................336
Fischauflauf nach Art
    der Provence 288
Fischkrapfen auf
    karibische Art........................ 36
Flambierte Bananen 334
Flammkuchen............................ 90
Forelle mit Mandeln................260
Frischkäsekugeln mit
    Trauben 14
Fruchtsalat Tropicana 332

G

Garnelen mit Whisky...............276
Gebackenes Omelett mit
    Tomatensauce 314
Gefüllte Tomaten mit Mandeln
    und Haferflocken 302
Gefüllte Zucchini
    marokkanische Art 188
Gemüsesuppe mit
    Hackbällchen 186
Gnocchi-Auflauf ruckzuck 122
Gnocchipfanne 104
Grüne Tagliatelle mit
    Brokkoli 110
Grünes Curry mit Gemüse......306

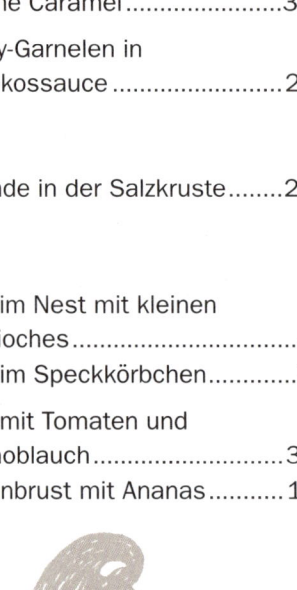

Jakobsmuscheln mit
    Champignon-Rahmsauce 280

K

Kabeljau mit Rauchfleisch......248

Kabeljauauflauf.....................290

Kalbsfilet mit Zitrone 204

Kalbsmedaillons mit
    Roquefort............................196

Kalbsnuss mit
    Honigkarotten.....................198

Kalbsschnitzel mit
    Gewürzkruste.....................202

Kalbsschnitzel natur mit
    Champignons.....................200

Kalte Schnauze mit Kaffee.....344

Kaninchen in Senfsauce 206

Kaninchen in Weißwein 210

Kaninchen mit
    Backpflaumen.....................208

Karottensuppe mit Orange.......58

Kartoffelgratin Dauphinois 294

Kartoffeltaler mit Schinken 324

Käsetarte 78

Knusperpizza 92

Korianderhähnchen in
    Sojasauce 150

Kürbis-Kartoffel-Gratin............300

L

Lachs mit Kräuterkruste.........246

Lachs-Kartoffel-Gratin 292

Lachspäckchen mit Fenchel...242

Lachsterrine 52

Lachstorte mit Deckel 86

Lammfleisch in Quarksauce...238

Lammkoteletts mit
    Schinken 234

Lammkoteletts mit
    Ziegenkäse 236

Lammschulter in
    Orangensauce....................232

Lammschulter mit
    Knoblauch...........................230

Lammspieße mit
    getrockneten Aprikosen 240

Lasagne mit Auberginen.........120

Linguine mit Pancetta.............112

M

Magischer Ofenpfannkuchen .342

Mandelkuchen 370

Mangoauflauf mit Tapioka......328

Marinierter Lachs
    in Orangensaft....................244

H

Hackbällchen in
    Tomatensauce 182

Hackfleischpfanne mit
    Kreuzkümmel-Karotten........180

Hähnchen auf
    baskische Art......................134

Hähnchenbrust mit Kirschen
    und Portwein.......................156

Hähnchenkeulen mit
    Gemüse...............................130

Hähnchenkeulen mit
    Honig..................................142

Hähnchenpfanne mit
    Zucchini und Tomaten 136

Hähnchenspieße Yakitori........148

Hähnchentopf mit
    Aprikosen 146

Hörnchennudeln mit Erbsen
    und Pilzen...........................126

Hühnchencurry......................152

J

Jakobsmuschel-Garnelen-
    Pfanne................................. 274

Jakobsmuscheln in
    Whiskysahne.......................278

Miesmuscheln in
   Currysahne...........................286
Milchreis......................................364
Minestrone..................................64
Mousse au Chocolat...............360

N

Nudelpfanne italienisch...........102

O

Obstauflauf mit
   Winterfrüchten......................326
Omelett mit Ziegenkäse
   und Minze 312
One-Pot-Pasta mit
   Thunfisch 114
Osso Buco mit Putenfleisch...166

P

Panna Cotta mit Kaffee..........358
Paprikapfanne mit Ei
   und Schinken........................308
Partyröllchen mit
   Räucherlachs.........................28

Pasta mit Aubergine und
   Gorgonzola 116
Perlhuhn mit Backpflaumen ...138
Pizza-Schnecken vom
   Muffinblech............................24
Puten-Cordon-Bleu mit
   Zucchini..................................322
Putencurry mit Datteln............164
Putengeschnetzeltes in
   Senfsahne...............................162
Putengeschnetzeltes mit
   Champignons.......................158
Putenrollbraten mit Äpfeln......168
Putenrouladen mit Speck.......160

Q

Quarkspeise mit Erdbeeren....366
Quiche Lorraine mit
   Thymian..................................82

R

Rinder-Tournedos mit
   Zwiebelmus..........................192
Rinderschmorfleisch in
   würziger Biersauce 190
Rindfleisch mit Schalotten 194
Risotto mit Chorizo und
   Hühnchen..............................128
Röllchen aus Schinken
   und Frischkäse 20
Rosencreme mit Himbeeren ..356
Röstbrot mit Birnen
   und Roquefort........................76
Rotbarbe mit Schinken...........266

Rotbarben mit Basilikum........268
Rote-Bete-Creme mit
   Thunfisch 12
Rührei mit grünem Spargel.....318

S

Salat auf chinesische Art 70
Sardinen mit Kräuterfüllung ...270
Schichtkuchen Pute-
   Ziegenkäse 40
Schinken mit Ananas..............228
Schnelle Quiche mit
   Zwiebeln.................................88
Schoko-Birnen-Cookies 372
Schokobananen im
   Teigmantel 376
Schweinebraten mit
   Aprikosen 212
Schweinebraten mit
   eingelegten Zitronen............222
Schweinebraten mit Honig 218
Schweinefilet im
   Kräutermantel........................18
Schweinefilet mit Roquefort...216

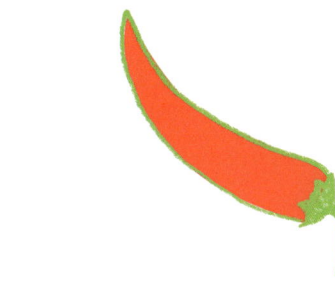

Schweinefilet mit
 Süßkartoffelpüree 220
Schweinefleisch mit Piment ... 224
Schweinekoteletts
 mit Honig............................. 214
Schweineöhrchen mit
 Tomatenfüllung 30
Seelachs mit Karotten
 und Zitrone........................... 252
Seelachsröllchen mit
 Parmaschinken 250
Seeteufel mit Avocado........... 258
Seeteufel mit Cidre................ 254
Seeteufel mit Safran
 auf spanische Art 256
Seezunge mit Artischocken.... 264
Sommerpizza 96
Studentenreis für Eilige 320
Suppe auf mediterrane Art....... 62
Suppe auf orientalische Art...... 68
Surimi-Pfanne mit Lauch 304

T

Taboulé 74
Tagliatelle mit Zucchini 108
Tarte mit zweierlei Lachs.......... 84
Terrine mit Karotten
 und Speck 50
Thunfischaufstrich 10
Thunfischtaschen 42
Tintenfisch mit Tomaten
 und Weißwein 282
Tintenfischringe in
 Tomatensauce 284
Tiramisu mit Himbeeren 352
Tomaten-Feta-Terrine 44
Tomatenauflauf mit
 Ziegenkäse 296
Tomatensuppe mit
 weißen Bohnen...................... 60
Tomatentarte............................. 80
Tomatenterrine mit
 Ziegenkäse 54
Tortilla auf spanische Art........ 310

U

Überbackene Avocados
 mit Ei 48
Überbackener Blumenkohl
 mit Pancetta 298

W

Wachteln mit Rosinen............. 170
Weiße Pizza.............................. 94

Z

Zarte Mandelküchlein............. 374
Zitronengelee 368
Zitronenhähnchen
 mit Oliven............................ 154
Zucchini mit Hackfüllung 178

Bildnachweis

© Thinkstock: 10 (b, d, e), 12 (d, e), 14 (c), 16 (b, c, d), 18 (a, d, e), 20 (c, e), 22 (a, c, d), 24 (b, e), 26 (b, d, f), 28 (d, e), 32 (a, d, c), 34 (b, c, d, e), 36 (b, c, d, e), 38 (a, b,c), 40 (a, e), 42 (b, d, e), 44 (a, b, e), 46 (a, c), 48 (a, b, d, f), 50 (a, c, d), 52 (c, e), 54 (a, b, c), 56 (c, d), 58 (a, b, c), 60 (b, c, d), 62 (a, b, c, d, e), 64 (b, c, d), 66 (b, c, d),68 (a, b, c, d, e), 70 (a, b, c, d, e), 72 (a, b, c, d, e), 74 (a, b, c, d), 76 (a, b, c, d), 78 (c, e), 80 (b, d), 82 (c, e), 84 (d), 86 (c, d, e), 88 (a, c, d), 90 (b, c, e), 92 (b, c), 96 (b,c, d, e), 98 (b, c, e, f), 100 (a, b, c, d), 102 (a, b, d, e), 104 (a, c, d, e), 106 (b, c, d, e), 108 (a, b, c, d, e), 110 (a, b, c), 112 (c, d, e), 114 (a, c, e), 116 (a, b, d), 118 (b, e), 120 (d), 122 (a, b), 124 (c, d), 126 (b, c, d, e), 128 (c, d, e), 130 (a, b, c, d), 132 (a, b, c, d, e), 134 (a, b, c, d), 136 (a, b, d, e), 138 (a, b, c, d), 140 (a), 142 (b, c, d), 144 (a, b, c, d, e, f), 146 (a, b), 148 (a, b, c, d), 150 (a, c), 152 (a, d, e), 154 (a, b, c), 156 (a, b, d), 158 (a, b, c, d), 160 (c, d, e), 162 (a, b, c, d, f), 166 (a, b, c, e),168 (b, c, d), 170 (b, e), 172 (b, c, d, e), 174 (b, c), 176 (a, d, e), 178 (a, c, d, e), 180 (b, c), 182 (b, c), 184 (b), 186 (a, c, d), 188 (a, c, d, e), 190 (b, c, d), 192 (b, c), 194 (b, c, d, e), 196 (a, b, d), 198 (b, c, d, e), 200 (a, b, c, d), 202 (a, d), 204 (b, c, e), 206 (c, d, e), 208 (a, b, c, d, e), 210 (b, c, d, e), 214 (a, b), 216 (a, b), 218 (b, c, d), 220 (a, b, c, d), 222 (b, d), 224 (b, e), 226 (a, b, c, d), 228 (b, c, e), 230 (a, b, c, d), 232 (a, b, c, d, e, f), 234 (c, d, e), 236 (c, d, e), 238 (a, c, e), 240 (a, b, d), 242 (a, b, c), 244 (b, c, f), 246 (b, c, e), 248 (c), 250 (a, b, c), 252 (a, b, c, d, e), 254 (b, c, d, e), 256 (a, b, e), 258 (a, b, c, e), 260 (c, d), 262 (d, e, f), 264 (a, c, e), 266 (a, c, d), 268 (c, d), 270 (b, c, d, e, f), 272 (c, d, e), 274 (b, c, d, e), 276 (a, b, d), 278 (b, c, e), 280 (b, c, d), 282 (b, c, d), 284 (b, c, d), 286 (c, d, e), 288 (a, c, d), 290 (b), 292 (a, d, e), 294 (a, b, d, e), 296 (c, e), 298 (a, c, d), 300 (a, b, c, d), 302 (a, c, d, e), 304 (b, c), 306 (b, c), 308 (a, b, d, e), 310 (a, b, c, d, e), 312 (a, b, d), 314 (a, d, e), 316 (a, b, c, d), 318 (a, b, c, e), 320 (a, c, e), 322 (c, d, e), 324 (a, c, d), 326 (a, b, c, d, e), 328 (a, c, e), 330 (a, b), 332 (a, b, d, e), 334 (a, c), 336 (a, b, c, d), 338 (b, c), 340 (a, b, c, e), 342 (b, c, d), 344 (a, b, c, d, e, f), 346 (a, b, d, f), 348 (b, c, d), 350 (a), 352 (a, b, c, d, e, f), 354 (b, c, d), 356 (b, c, d, e, f), 358 (a, c, e), 360 (a, b), 362 (a, d, e, f), 364 (b, d), 366 (b, d, f), 368 (a, b, c), 370 (a, c, d, e, f), 372 (b, c, d, e), 374 (a, c, d, e), 376 (b, d, e)

© Shutterstock: 10 (a, c), 12 (a, b, c), 14 (a), 18 (b, c), 20 (a, b, d), 22 (b), 24 (d), 26 (a, e), 28 (b, c), 30 (c), 32 (c), 36 (a), 40 (b), 42 (c), 44 (c), 46 (b), 48 (c), 50 (b), 52 (a, b), 56 (a, b), 58 (d), 60 (a, e), 64 (a, e), 66 (a, e), 72 (d), 76 (d), 78 (b), 80 (c), 82 (b, d), 84 (b, c), 86 (a, b), 88 (b, e), 90 (a, d), 92 (d, e), 94 (b, d, e), 98 (a, d), 102 (c), 104 (b), 106 (a), 110 (d, e), 112 (a, b), 114 (b), 116 (c), 118 (a, c, d), 120 (a, c), 122 (d), 124 (a, b), 126 (a), 128 (a, b), 136 (c), 140 (b, c), 142 (a, e), 146 (c), 148 (e, f), 150 (b, d, e), 154 (d), 158 (c), 160 (a), 162 (e), 164 (e), 168 (a), 170 (a, c, d), 174 (d), 176 (b, f), 178 (b), 180 (a, d, e), 182 (a, d), 184 (a, c, e), 186 (b), 188 (b), 190 (a, d, e), 192 (a), 194 (a), 198 (a), 202 (b, c), 204 (a, b), 206 (a), 210 (a), 212 (a, b), 214 (c), 216 (c, d), 218 (a, e), 220 (e), 222 (a),224 (a), 226 (a), 228 (a), 234 (a), 236 (a, d), 238 (b, d), 244 (a, d), 246 (a), 248 (a, b), 254 (a), 256 (c, d), 258 (a, b), 260 (a, b), 262 (a, b), 264 (b), 266 (c), 268 (a, b), 270 (a), 272 (a), 274 (a), 278 (a), 280 (a, e), 282 (a), 284 (a), 286 (a), 288 (b, e), 290 (a, c, d), 292 (b), 296 (e), 298 (b, e), 300 (e), 302 (b),304 (a), 306 (a), 314 (b, c), 318 (d), 320 (b), 322 (a, b), 324 (b), 328 (b), 330 (d), 332 (c), 338 (e), 340 (d), 342 (a), 346 (c, e), 348 (c, e), 350 (b), 356 (a), 364 (a, c), 366 (a), 368 (d), 372 (f), 374 (b), 376 (c)

© Larousse: 14 (b), 16 (a), 22 (e), 24 (a, c), 26 (c), 28 (a), 30 (a, b), 32 (b), 34 (a), 38 (d), 40 (c, d), 42 (a), 44 (d), 46 (d), 48 (e), 52 (d), 58 (e), 78 (a, d), 80 (a), 82 (a), 84 (a, e), 86 (a), 92 (a), 94 (a, c), 96 (a), 114 (d), 120 (b, e), 122 (c), 124 (e), 130 (e), 140 (d, e), 146 (e), 152 (b, c), 154 (e), 158 (e), 160 (b), 162 (e), 164 (e), 166 (d), 172 (a, c), 174 (a), 176 (c), 184 (d), 186 (e), 196 (c), 200 (e), 212 (c, d), 222 (c), 228 (c), 234 (b), 240 (c), 248 (d), 262 (c), 264 (d), 266 (b), 272 (b), 278 (d), 284 (c), 286 (b), 292 (c), 294 (c), 296 (b), 304 (d, e), 306 (d, e), 312 (c), 320 (d), 328 (d), 330 (c), 334 (b, d), 338 (a, d), 350 (c), 354 (a), 358 (b, d), 362 (b, c), 366 (c, e), 370 (b), 372 (a), 376 (a)

Danksagung

Ein Buch ist vor allem ein schönes menschliches Abenteuer.
Danke an Isabelle, Ghislaine, Alice, Emilie, Amandine und Sylvie.Und ich danke Editions Larousse herzlich für das Vertrauen, das mir entgegengebracht wurde.
Élise Delprat-Alvarès

Der Herausgeber dankt Barbara, Catherine, Coralie, Emilie, Marie, Marie, Marion und Nathalie für ihre persönlichen Einsatz für dieses Buch.

ISBN 978-3-8094-3942-4

1. Auflage
© 2018 by Bassermann Verlag,
einem Unternehmen der Verlagsgruppe
Random House GmbH, Neumarkter Straße 28,
81673 München
© der Originalausgabe 2016 by Larousse, Paris, Frankreich.
Das Original erschien unter dem Titel
„200 Recettes Rapides & Inratables!"

Die Verwertung der Texte und Bilder, auch auszugsweise, ist ohne Zustimmung des Verlags urheberrechtswidrig und strafbar. Dies gilt auch für Vervielfältigungen, Übersetzungen, Mikroverfilmung und für die Verarbeitung mit elektronischen Systemen.

Für die deutsche Ausgabe:
Umschlaggestaltung: Atelier Versen, Bad Aibling
Herstellung: Elke Cramer
Projektleitung: Anja Halveland
Realisation der deutschen Ausgabe:
trans texas publishing services GmbH, Köln
Übersetzung: Lisa Heilig, Köln

Für die französische Ausgabe:
Direction de la publication:
Isabelle Jeuge-Maynart et Ghislaine Stora
Direction Éditoriale: Agnès Busière
Édition: Alice Dauphin
Conception graphique: Claire Morel Fatio
Couverture: Claire Morel Fatio et Anna Bardon
Mise en page: I-D-T
Fabrication: Donia Faiz

Die Ratschläge in diesem Buch sind von der Autorin und vom Verlag sorgfältig erwogen und geprüft, dennoch kann eine Garantie nicht übernommen werden. Eine Haftung der Autorin bzw. des Verlags und seiner Beauftragten für Personen-, Sach- und Vermögensschäden ist ausgeschlossen.

Sollte diese Publikation Links auf Webseiten Dritter enthalten, so übernehmen wir für deren Inhalte keine Haftung, da wir uns diese nicht zu eigen machen, sondern lediglich auf deren Stand zum Zeitpunkt der Erstveröffentlichung verweisen.

Druck + Bindung: DZS Grafik, Ljubljana

Printed in Slovenia

Verlagsgruppe Random House FSC® N001967